CURIOSITÉS DE L'ALLEMAGNE DU NORD

PAR

Victor TISSOT

Auteur du *Voyage au pays des Milliards*

Illustrations

PAR

CLERGET, LIX, V. A. POIRSON, ROCHLING, ETC.

LIBRAIRIE CH. DELAGRAVE

PARIS, RUE SOUFFLOT

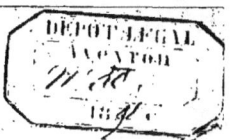

LES CURIOSITÉS

DE

L'ALLEMAGNE DU NORD

SOCIÉTÉ ANONYME D'IMPRIMERIE DE VILLEFRANCHE-DE-ROUERGUE
Jules BARDOUX, Directeur.

LES CURIOSITÉS
DE
L'ALLEMAGNE
DU NORD

PAR

VICTOR TISSOT

TROISIÈME ÉDITION

PARIS
LIBRAIRIE CH. DELAGRAVE
15, RUE SOUFFLOT, 15

LES CURIOSITÉS
DE
L'ALLEMAGNE DU NORD

I

DE PARIS A BERLIN

« Il est certain que l'Allemagne, pour diverses raisons, disait en 1870 M. V. Cherbuliez, est difficile à connaître. D'abord, c'est, avec la Suisse, le seul pays où l'esprit local, si puissant autrefois, subsiste dans toute sa force. Si l'on entend par capitale une ville petite ou grande où se concentre comme dans un foyer l'esprit général d'une société grande ou petite, l'Allemagne est le seul pays qui ait plusieurs capitales ; elle en a presque autant que de villes. »

Cela était vrai il y a quinze ans, mais depuis les terribles défaites de la France, depuis la proclamation du nouvel empire germanique à Versailles, le 18 janvier 1871, la Prusse a absorbé en elle tout le reste de l'Allemagne, et la vraie capitale de ce puissant État, c'est Berlin.

Aujourd'hui, pour connaître l'Allemagne, c'est donc par Berlin qu'il faut commencer.

Berlin est la tête qui pense, la main qui donne ou qui prend, le bras qui dirige et qui frappe. Les quelques rois et petits princes qu'on rencontre encore en Saxe, en Bavière, dans le Wurtemberg et le grand-duché de Bade, ne sont plus que de simples domestiques à la livrée impériale; ils doivent obéissance et fidélité au maître suprême qui est à Berlin. C'est la Prusse qui habille et commande leurs soldats, c'est la Prusse qui possède les chemins de fer, les télégraphes et la plus grosse partie des revenus de leurs États.

Avant 1871, on pouvait établir une différence nationale et politique entre les Allemands et les Prussiens.

Il n'y en a plus aujourd'hui, puisque tous les Allemands ont le bonheur d'être les sujets du roi de Prusse, empereur d'Allemagne.

Depuis la dernière guerre, Paris n'est plus qu'à 411 kilomètres de la frontière allemande[1]; et c'est en vingt-deux heures qu'on peut se rendre des bords de la Seine dans la capitale du nouvel empire, sur les bords de la Sprée.

Au lever du jour, le voyageur s'aperçoit qu'il a quitté la France. La physionomie des gens et des maisons n'est plus la même. Les hommes sont lourds, flegmatiques, ils mâchent un idiome dur. Mais les maisons, par un bizarre contraste, sont plus gracieuses, plus propres, plus riantes, plus fleuries.

La ferme allemande est un petit palais rustique, avec sa grande avenue d'arbres, ses deux étages de belles fenêtres claires garnies d'œillets, sa vaste cour où l'on at-

---

[1]. En 1871, les Allemands victorieux ont enlevé à la France 1,451,000 hectares de territoire et extirpé de la nation française 1,600,000 hommes.

telle les chevaux et les bœufs de front, où les vaches s'acheminent gravement vers la limpide fontaine, où les poules picorent en compagnie des dindons, où les troupes d'oies s'embarquent en trompettant sur le petit étang qui sert à l'arrosage du jardin. Des paons jettent l'écrin de

Une fermière allemande.

leurs plumes sur le fumier qui sèche au soleil; et, à la porte de la ferme, une jeune femme berce en chantant un nouveau-né, tandis que d'autres marmots ébouriffés jouent à terre ou s'amusent à tirer la queue d'un énorme chien.

Qu'il soit comte ou baron, c'est presque toujours le

propriétaire foncier qui fait valoir lui-même, qui cultive et administre son domaine. Il est vrai qu'il est aidé par une classe d'employés qu'on ne retrouve dans aucun autre pays. Ce sont des jeunes gens instruits, appartenant à des familles assez aisées, sortant souvent d'une école d'agriculture et qui vont faire un stage dans quelque grande propriété, afin d'apprendre à diriger une entreprise pour leur propre compte. En Allemagne, le noviciat est un usage ancien conservé dans beaucoup de métiers. C'est ainsi que fréquemment le fils d'un riche hôtelier, appelé plus tard à tenir une maison considérable, n'hésitera pas à s'engager dans un autre hôtel en qualité de sommelier ou de domestique (*Kellner*), pour s'initier à tous les détails du service auquel il devra présider un jour. — En France, en Angleterre surtout, un jeune homme de la classe aisée croirait compromettre sa dignité en faisant l'ouvrage d'un domestique de ferme. Le mépris du travail manuel, cet inique préjugé des époques antérieures, infecte encore, quoi qu'on en dise, nos sociétés modernes. Sans cette association des propriétaires et de ses employés instruits, la moitié de la Prusse ne serait encore que la continuation de la Russie [1].

On peut juger ce qu'il a fallu d'efforts pour coloniser un peu de l'ingrate terre du Brandebourg, lorsque, vers le soir, après avoir traversé l'Allemagne du Sud et l'Allemagne centrale, on arrive dans cette marche [2] de Brandebourg, aussi fameuse que la campagne romaine.

Aux prairies verdoyantes succède la plaine sablonneuse, entrecoupée de pâles champs de seigle. Plus de chariots entourés de joyeux laboureurs, mais le silence et l'im-

---

[1]. Laveley, *la Prusse et l'Autriche depuis Sadowa*.
[2]. On appelait autrefois *marche* les terrains vagues entourant les champs cultivés.

mobilité de la mort; çà et là seulement quelques chaumières groupées tristement au pied d'un clocher. Des dunes, comme au bord de la mer. Puis des rangées de pins rabougris dont les racines noueuses sortent du sable, pareilles à des serpents qui se tordent. Dans les bas-fonds, des flaques d'eau verdâtre au bord desquelles boivent deux ou trois vaches plus maigres que celles que Pharaon vit en songe. Une seule fleur : le coquelicot, mettant çà et là sa rouge tache de sang.

Le climat est extrêmement rigoureux; huit mois de neige, un froid qui dépasse 30 degrés centigrades, et, circonstance plus fâcheuse encore, des gelées tardives jusqu'en juin et juillet, qui grillent les pommes de terre et le sarrasin. Cependant les habitations rurales sont bien soignées, propres et correctement tenues dans leur médiocrité, comme le vêtement d'un sous-officier en demi-solde. Dans les villages, l'église et l'école, en excellent état, annoncent qu'on ne néglige pas les intérêts moraux et intellectuels; les routes, les cours d'eau sont dans un admirable état d'entretien. Tout indique l'effort d'une volonté persévérante et prévoyante [1].

Le ciel est en harmonie avec ce mélancolique paysage : gris, lourd, il pèse sur vous comme la pierre d'un sépulcre.

C'est ici cependant que les Hohenzollern [2] transplantèrent leur arbre généalogique. Ce fut d'abord un chétif arbuste que ce chêne dont les rameaux abritent maintenant l'Allemagne entière. Sigismond de Saxe, qui avait pris possession de la contrée, la donna en hypothèque à un de ses parents de Nuremberg, du nom de Hohenzollern,

---

1. Laveleye.
2. Nom de la dynastie actuelle.

auquel il avait emprunté une somme de quatre cent mille florins. Il ne put rembourser sa dette, et, à sa mort, la marche de Brandebourg devint la propriété de l'heureux créancier.

On sait les commencements humbles et pénibles de ces parvenus.

Frédéric IV n'avait pour faire la guerre aux seigneurs qui refusaient de le reconnaître qu'une vieille pièce de canon qu'il appelait sa « tante Marguerite ». Frédéric II a dit de Frédéric-Guillaume, le Grand Électeur : « C'était un prince sans territoire, un électeur sans pouvoir, un allié sans armée. »

A force d'habileté, d'intrigues, d'économie, de persévérance, il répara les désordres qui avaient marqué le règne de son père, il prépara les voies de la grandeur future de sa dynastie, il fixa à cette machine politique et militaire qui devait s'appeler la monarchie prussienne les rouages destinés à lui assurer la régularité et le mouvement.

Ses successeurs trouvèrent une armée excellente, les caisses du trésor bien remplies, une légion de fonctionnaires dressés à la baguette et obéissant comme une meute au sifflet du veneur. Embusqués dans les marécages de la Sprée et de la Havel, ces rois de proie étaient toujours à l'affût d'une occasion, et ils ne s'élançaient qu'à coup sûr. Ils prirent la Silésie, la Pologne ; leurs mains crochues ne se refermaient jamais vides. Administrateurs consommés, ils équilibraient leur budget au moyen d'impôts extravagants sur les souliers, les chapeaux et les perruques. Ils réglaient les dépenses de leur maison mieux que ne l'eût fait Harpagon. Leurs filles se mariaient sans dot et portaient des robes de serge. La cour se nourrissait de viande fumée et de choux aigres. On fouettait sur la place publique les employés du fisc qui ne rendaient pas des comptes assez exacts. Cet argent, ménagé avec une avarice sordide, servait à créer de nouveaux régiments, à tracer des routes, à dessécher des marais, à creuser des canaux, à forcer ce sol ingrat et infécond à nourrir la colonie qui s'y était jetée.

A mesure qu'on approche de Berlin, ces perpétuels efforts de l'homme sur la nature, cette persistante ardeur à vaincre ses hostilités, ces conquêtes incessantes du travail, deviennent plus visibles. On aperçoit, pareils à des oasis, quelques champs cultivés. Un troupeau d'oies, sous la conduite d'une fillette à la robe en guenilles, s'en va lentement à la recherche d'un cours d'eau que signale le vol d'une cigogne mise en fuite par le bruit de la locomotive. Des arbres fruitiers au feuillage malingre se dressent autour de maisons basses, sans étage, qui rappellent le tableau fait en 1750 par Voltaire, dans le récit de son voyage à Berlin : « Dans de grandes huttes qu'on appelle maisons, on voit des animaux qu'on appelle hommes, qui vivent le plus cordialement du monde pêle-mêle avec d'autres animaux domestiques. Une certaine pierre dure, noire et gluante, composée, à ce qu'on dit, d'une espèce de seigle, est la nourriture des maîtres de la maison. »

Mais c'est en mangeant du pain noir que les hommes et les peuples se forment, que les volontés s'affermissent, que les courages se trempent. Voltaire, du reste, ajoutait : « Qu'on plaigne, après cela, nos paysans, ou plutôt qu'on ne plaigne personne, car, sous ces cabanes enfumées, et avec cette nourriture détestable, ces hommes des premiers temps sont sains, vigoureux et gais. »

Tout à coup la locomotive siffle avec une persistance

aiguë : à l'horizon, des moulins à vent lèvent leurs grands bras éplorés ; puis, derrière, une ligne blanche s'étend, pareille à une muraille. Une forêt de hautes cheminées surgit, empanachée de leur fumée comme un soldat de son plumet : c'est Berlin.

II

BERLIN

Henri Heine parle de l'effet de surprise et d'enchantement que produit Paris sur l'étranger.

Berlin produit aussi un effet de surprise, mais qui n'a rien d'enchanteur.

On est surpris que la ville du nouvel empire, « la ville de l'intelligence, la ville universelle », comme l'appellent modestement les vainqueurs de 1870, ait un air si froid et si guindé.

Berlin n'est qu'une princesse de théâtre, a dit un écrivain allemand. Ce que Berlin montre aux gens est moderne, battant neuf; tout y porte la marque de cette monarchie d'aventure et de fabrique, composée de pièces et de morceaux, de cette monarchie d'occasion qui s'est taillé à coups de sabre des vêtements dans le manteau du voisin.

« Il faut avoir vécu à Berlin, écrivait dernièrement un voyageur parisien, pour bien sentir l'antipathie qui sépare les deux races : l'une toute vive, joyeuse, spontanée dans ses amours et ses colères, amie des idées claires et riantes; l'autre lourde, entêtée des spéculations nébuleuses, fanatique à froid et dangereusement mystique. Dans cette plane et triste ville, sur les façades jaunâtres des maisons, dans les rues coupées à angle droit, dans les villas du Thiergarten, temples grecs, maisons gothiques, pagodes hindoues, prétentieux pastiches, édens ridicules d'érudits sans goût, partout règne un pédantisme rogue, altier, subtil. »

Rien de moins allemand en effet, dans le sens gothique que nous donnons à ce mot, que la physionomie de la capitale du nouvel empire. Les rues se suivent, longues et monotones; elles sont le produit d'une volonté souveraine, elles ont été bâties par ordre, comme des casernes, et alignées par la canne du roi-caporal. Il ne faut pas chercher ici des monuments qui parlent du passé, qui soient l'incarnation d'une époque ou d'un art. L'enthousiasme du beau n'a jamais fait battre le cœur coriace de ces rois de Prusse, aux yeux desquels un canon a toujours paru supérieur à une cathédrale. Ils auraient troqué une demi-douzaine de madones de Raphaël contre un grenadier de six pieds. On dit « l'Arsenal » et le « Château de Berlin », comme on dit à Vienne, à Cologne, à Francfort, à Ulm, « le Dôme » ou « la Cathédrale ». Le dieu de la guerre est seul reconnu et adoré dans la capitale prussienne. L'aigle tonnant de Jupiter est orgueilleusement posé sur l'église de la garnison, et la statue de la Victoire s'élève sur la place du Roi. Les mélodieuses sonneries des cloches sont remplacées par le bruit assourdissant des tambours et les aigres sifflements des fifres. Le gai tumulte du travail est étouffé par le roulement de l'artillerie. Aussi, quand vous avez parcouru ces rues rangées à la file, la plupart veuves d'animation populaire, quand vous n'avez vu que des sabres, des casques et des panaches dix heures durant, vous vous sentez pris d'un indicible ennui, vous comprenez pourquoi Berlin, malgré le prestige que lui ont donné les derniers événements, ne sera jamais une capitale comme Vienne, Paris et Londres. Ce n'est pas quelqu'un, c'est quelque chose : un entassement de moellons gardés par des sentinelles.

« Il est difficile d'y passer huit jours, a dit M. V. Cherbuliez, sans s'apercevoir qu'il n'est pas d'autre ville en Europe où règne à ce point l'esprit militaire. La Prusse a mille mérites ; mais on ne saurait lui accorder qu'elle donne à la toge le pas sur l'épée. Dans les États de S. M. Guillaume, l'épaulette jouit de toutes les préséances ; l'uniforme y est le grand porte-respect ; qui l'a une fois endossé a peine à le quitter, et tel personnage, s'il s'avisait de se promener en redingote dans la rue, ferait autant de sensation que s'il y paraissait en robe de chambre. Durant le séjour que le prince Napoléon fit à Berlin, la foule se pressa plus d'une fois sur ses pas, attirée par la curiosité de contempler un prince en habit bourgeois. Cela n'est pas étonnant dans une ville où le président du conseil (M. de Bismarck), de beaucoup plus célèbre en Europe par son génie de diplomate que par sa qualité de colonel d'un régiment de cavalerie de la landwehr, se croit cependant obligé, quand il assiste aux séances du parlement, de ne se point séparer de son uniforme et de son casque. »

La Sprée, qui traverse la ville, est une rivière infecte, roulant de la boue noire, aux émanations pleines de pestilence. « La Sprée, a dit un poète du cru, est pareille à un cygne à son entrée dans la capitale ; elle en ressort semblable à une truie. » Les ponts jetés sur la rivière sont en bois, lourds, massifs, mais solides et suffisants pour le passage des régiments et des canons.

La civilisation s'assied d'abord, et plante sa première tente au bord des fleuves et des rivières. Elle est matinale, elle a besoin du soleil levant, elle dit sa messe de l'aurore, et chante ses premières chansons avec l'alouette. Les pirogues partent pour la pêche, puis les bateaux ; enfin, quand le fleuve est large, les grandes embarcations mettent à la voile. C'est toujours le fleuve, *father Rhames, Vater Rhein, le Tibre sacré, le Nil mystérieux, le Gange divin*, qui groupe et concentre les premiers efforts de l'humanité.

Le vieux Berlin est venu s'asseoir jadis dans un de ces cercles ; une canalisation savante, multipliant les points de communication, créant des îles factices et des digues, mettant à profit le niveau même et l'uniformité du terrain, tranchant partout le sol par des coupures et des intersections bien entendues, élevant une quarantaine de puits dans un espace comparativement restreint, évoquant des portes et des moteurs dans une plaine où la nature n'avait jeté que des sables et de l'eau courante, a fait de Berlin, à cet égard, un des sujets les plus dignes d'être étudiés de l'ingénieur professionnel.

L'histoire de la civilisation et des vies humaines s'y intéresse aussi.

L'observateur se rappelle la patience hollandaise et les digues de Haarlem, d'Amsterdam, d'Helvoetlugs ; les desséchements opérés en Angleterre, le canal du duc de Bridgewater ; les travaux de même ordre exécutés aux États-Unis ; la nature attaquée, élaborée, vaincue par la sagacité infatigable de la race germanique et cet acharnement à la conquête qui ne lâche jamais sa proie. C'est le même génie et le même résultat.

Le vieux Berlin, qui forme une île artificielle à peu près ovale, noyau solide de toute l'agrégation, possède encore des rues courtes et des vois étroites, bien moins nombreuses cependant que celles de la cité de Londres et de notre ancienne Cité ; c'est là que se retrouvent les noms et les rues qui sentent l'antique : la rue aux Juifs, la rue de l'Évêque, la rue du Roi, la rue du Saint-Esprit; le mouvement y est plus vif, la population plus pressée, l'aspect plus original et plus vulgaire. On peut encore y entendre, dans quelques *Gassen* ou ruelles peu fréquentées des gens comme il faut, le vieux patois qui disparaît rapidement. Ce dialecte de Berlin est détruit et effacé de jour en jour par l'admirable instruction primaire du pays ; important sujet qui constitue une autre canalisation morale, portée par lui aux États-Unis par exemple et dont les pays romains n'approchent pas [1].

La principale rue de Berlin, l'artère centrale, s'appelle *Unter den Linden,* c'est-à-dire « Sous les Tilleuls ». Ce sont les grands boulevards de la capitale allemande.

L'*Unter den Linden* commence à la place de Paris et se prolonge, en ligne droite, jusqu'à la place de l'Opéra.

Avant de descendre la large rue, jetons un coup d'œil sur la première de ces deux places, qui rappelle Paris à peu près comme un cheval de bois rappelle un cheval vivant. La porte de Brandebourg, mauvaise imitation d'architecture grecque, surmontée d'un quadrige de la Victoire que Napoléon Ier fit transporter à Paris, forme le décor du fond, avec un corps de garde entouré d'une grille. A droite s'élèvent l'hôtel que la ville de Berlin donna au général Blücher après ses victoires sur les Français, et la maison de feu le feld-maréchal Wrangel. C'était un des plus curieux types de la capitale que ce soldat nonagénaire, tombé en enfance, et qui, malgré ces

---

1. Philarète Chasles.

deux infirmités, la vieillesse et la folie, ne sortait jamais qu'à cheval et caracolait dans les rues, en uniforme de gala, à la surprise des passants et à la grande joie des enfants, auxquels il avait l'habitude de jeter des poignées de menue monnaie.

En face, de l'autre côté de la rue, cette maison massive à un seul étage, plus large que haute, avec un escalier en forme de perron et un toit surmonté d'une girouette qui représente un uhlan, c'est l'hôtel ou plutôt le « palais » de l'ambassade de France. Quand la guerre éclata, la populace de Berlin menaça de démolir cette maison qui portait sur sa façade l'aigle impérial avec son diadème et ses foudres. La nuit, on brisa les vitres à coups de revolver.

En quittant la place de Paris, nous laissons derrière nous le « palais » du comte de Redern, en style florentin, dont l'architecte Schinkel a tracé le plan. Le comte de Redern est un riche amateur de tableaux; sa collection passe pour une des plus belles de Berlin. Nous passons ensuite devant le ministère de l'instruction publique et des cultes, devant l'hôtel de l'ambassade russe, l'école d'artillerie et du génie et le ministère de l'intérieur.

L'école d'artillerie et du génie compte 404 élèves, qui dînent à midi, dans un réfectoire commun, mais logent en ville. Les études des officiers d'artillerie durent dix mois et demi; celles des officiers du génie, un an et demi. L'école d'artillerie prussienne passe pour la meilleure de l'Europe.

En continuant notre promenade, nous arrivons à l'*Aquarium*, que dirigeait le docteur Brehm. C'est la plus merveilleuse des merveilles de Berlin, où il y en a si peu. On monte une dizaine de marches, et l'on est subitement transporté dans les déserts de l'Afrique, dans les pampas

Unter den Linden.

de l'Amérique, au pied des montagnes Rocheuses, dans les forêts vierges de l'Australie, au plus haut des airs et au plus profond des mers. On fait le tour du monde en quatre-vingts secondes et l'on descend sous les flots sans cloche ni appareil, au milieu des coquillages les plus bizarres, des madrépores filandreux, des dentelles de Vénus, des bryozaires et des polypes, des éponges, des étoiles, des argus, des plumes et des anémones de mer, des poissons les plus extraordinaires.

De la grotte des poissons on passe au palais des reptiles.

L'installation est la même que celle qui a été faite récemment au Jardin des plantes. On voit les boas, les vipères, les serpents à sonnette couchés sur un lit de sable ou de mousse verte, ou enroulés autour d'un tronc d'arbre, ou encore mollement étendus auprès d'un petit bassin de marbre, où des grenouilles attendent l'honneur insigne d'être mangées. Des lézards que les Égyptiens auraient adorés à deux genoux, des caïmans qui barbotent autour d'un jet d'eau, animent ce paysage africain.

Les vautours, les aigles, les faucons sont échelonnés le long d'une paroi de rocher artificiel, et dans un jardin recouvert d'un léger treillage voltigent, chantent, gazouillent, sifflent, jacassent, roucoulent, gloussent, crient tous les oiseaux de la création, depuis le colibri jusqu'à l'autruche. On dirait le paradis des oiseaux.

Traversons maintenant la rue, et allons flâner un instant dans la *Kaiser-Gallerie* (galerie impériale). C'est un pastiche du passage Jouffroy, mais ampoulé comme le style d'un élève de rhétorique, exagéré, criard, surchargé de dorures, de festons, d'astragales de mauvais goût. On s'étonne de rencontrer si peu de caractère et d'originalité dans l'architecture berlinoise. Le pastiche est partout:

la porte de Brandebourg, — une imitation de la Grèce ; le musée, — encore une imitation grecque ; l'hôtel de ville, — une commande gothique, comme ces châteaux de pacotille qui remplacent les anciens burgs du Rhin ; la colonne de la Victoire, — une copie manquée de la colonne de Juillet.

C'est au milieu de la *Kaiser-Gallerie* que se trouve le musée Castan, une imitation du musée Grévin, une réduction mesquine du musée Tussaud de Londres. Voici Napoléon III dans l'uniforme qu'il portait à Sedan ; Jules Favre, et Bazaine devant le conseil de guerre ; des assassins et des brigands célèbres.

On a essayé d'ouvrir dans ce passage des restaurants somptueux, des salles de concert ; rien de tout cela n'a réussi, et les actions de la *Kaiser-Gallerie,* qui valaient 100 thalers, sont tombées à 18. Non que les Berlinois détestent la musique et la bonne chère, mais il leur faut leurs aises, leurs jardins-brasseries, où, tout en fumant ou en mangeant au milieu des bosquets et des fleurs, ils puissent aussi déguster de l'oreille une polka ou une valse.

Mais nous ne sommes ici qu'au centre de la rue des Tilleuls ; descendons jusqu'au bout ce « boulevard des Italiens » de la capitale impériale. En passant devant l'Académie des sciences et des arts, qui n'a absolument rien d'artistique dans son architecture, nous arrivons au palais de l'empereur.

C'est une « maison » bourgeoise dont deux factionnaires font le seul ornement.

La bibliothèque impériale est installée dans une annexe du palais et porte cette inscription sur son fronton : *Nutrimentum spiritus.* Comme les écuries royales se trouvent au rez-de-chaussée, sous la salle de lecture, un Berlinois, né malin, griffonna un jour au crayon sur une des portes : *Musis et mulis*.

L'Opéra s'élève un peu plus loin, vis-à-vis de l'Université. Des muses, des dragons, des chars triomphants ornent son fronton et son toit. Tout cela pêle-mêle, sans discernement, sans ordonnance, sans mesure. On dirait le rêve d'une imagination malade, hantée par des visions burlesques.

Frédéric II décréta la construction de l'Opéra au camp de Silésie.

L'église de Sainte-Hedwige et l'église française élèvent dans le voisinage de l'Opéra leurs deux tours extravagantes et théâtrales. Les cloches sont si frêles que le roulement lointain d'un tambour étouffe leur sonnerie ; l'acoustique de la nef est si défectueuse que le langage des prédicateurs se transforme en charabia.

De l'autre côté de la rue on remarque l'Université, immense caserne où se forment ces professeurs, ces avocats, ces écrivains qui sont, comme le disait lui-même le recteur universitaire M. Dubois-Reymond, la « garde du corps intellectuelle des Hohenzollern ».

L'école prussienne est un moule dans lequel on refond l'enfant. L'État l'en retire, façonné pour son usage.

Entre l'Université et l'Arsenal, s'élève un corps de garde bâti sur le modèle d'un château fort romain, avec un péristyle d'ordre dorique. C'est l'œuvre du représentant berlinois de cet art néo-grec plein de prétention, M. Schinkel, qui construisait des étables dans le style des temples d'Apollon.

Un peu au delà de ce singulier corps de garde, l'Arsenal, surchargé de décorations de guerre, fait face au palais du prince royal, qui ressemble à une villa italienne.

III

L'ARSENAL

C'est par l'Arsenal qu'il faut commencer pour bien comprendre Berlin, comme on commence par l'alphabet pour savoir lire.

L'Arsenal, c'est le berceau.

La monarchie prussienne sort du boulet de canon comme l'aigle sort de l'œuf.

Ce musée de guerre est le musée historique de la nation.

Paris a le musée de Versailles, Florence les Offices, Rome le Vatican : — Berlin a l'Arsenal. La force prime l'art et le droit.

La France a civilisé le monde par l'idée ; la Prusse a civilisé l'Allemagne par le canon. La différence est là.

Au moment où nous arrivons sur la place, il y a musique devant le corps de garde, à côté de l'Arsenal. Il est midi et demi, heure du rapport. Une foule bigarrée d'officiers, de sous-officiers, va, vient, s'agite et parade, à l'ombre des malheureux châtaigniers qui ornent la place et abritent huit grosses pièces de canon conquises en 1814.

Au milieu de ces groupes pittoresques, quelques vieux généraux à moustache blanche, la poitrine couverte de croix et de rubans, écoutent graves et attentifs, enveloppés dans leur manteau doublé de drap écarlate, la lecture que leur fait un jeune lieutenant botté, éperonné et casqué, luisant comme un soleil.

Cette petite scène militaire, qui ferait un tableau de genre très original, ne nous empêche pas de porter nos regards sur l'Arsenal ; de tous les édifices de Berlin, c'est le plus beau et le plus imposant : il a le double aspect du sanctuaire et du château fort.

C'est un réfugié français, Jean de Bodt, qui en traça le plan ; l'architecte Schluter termina l'édifice, qui avançait péniblement, vu l'état précaire du trésor et la difficulté de se procurer des ouvriers[1]. Les travaux durèrent quinze ans. Enfin, en 1710, après la bataille de Malplaquet, une escorte de grenadiers y amena les trophées conquis : onze canons, trois étendards, un drapeau et deux timbales.

Le grand portail de l'Arsenal, qui fait face au palais du prince héritier, est décoré de statues représentant les Mathématiques, la Mécanique, la Géométrie et l'Artillerie. Ces femmes colosses, laides et rouillées, semblent avoir été exposées là pour vous inspirer une sainte horreur de toutes ces sciences.

Mars trône dans les reliefs de la toiture, assis sur les dépouilles du vaincu et environné de prisonniers dans les fers. Une chaîne, rivée à des canons à moitié enfouis dans le sol, entoure l'édifice.

---

1. Frédéric Ier dut vendre de vieilles bombes et de vieux boulets pour payer l'architecte et ses ouvriers.

Au-dessus de la porte de derrière par laquelle nous entrons, on nous montre, tristement penchée, la statue allégorique du Regret. Mais a-t-on jamais compté ce qu'il a fallu de larmes et de sang pour tapisser ces murs de trophées de victoire?

Au milieu de la cour un lion de bronze, de dimensions

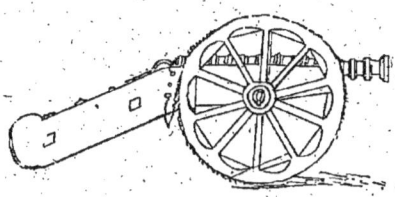

Fauconneau.

gigantesques, se dresse sur son piédestal de granit et tourne la tête vers le ciel, comme s'il implorait la délivrance de la Divinité même. C'est le fameux lion danois de Flensburg, rappelant une défaite allemande et enlevé au Schleswig-Holstein après la guerre. Autour de

Coulevrine

lui, sont couchés dans le sable comme des reptiles étranges, ouvrant une gueule toute noire, des mortiers et des obusiers.

Nous pénétrons dans les sombres couloirs du rez-de-chaussée. On dirait d'une arche de Noé de canons. Des coulevrines allongent leur cou de fer, des fauconneaux se tordent comme des boas énormes, des mitrailleuses vous flairent de leurs naseaux; c'est un entassement indescriptible d'engins de toute forme, une collection de monstres dont la gueule béante semble réclamer sans cesse une nouvelle proie, et qu'on ne peut assouvir qu'en leur jetant des royaumes et des armées. Le génie de la destruction a créé du premier coup le canon se chargeant par la culasse; le voilà tel qu'il est sorti des mains de son inventeur, il y a trois siècles. A côté est accroupie la bombarde, le mastodonte de cette horrible ménagerie. La bombarde a été inventée par Berthold Schwartz, qui employa la fonte au lieu du fer dans la fabrication des canons. Parmi ces pièces bestiales n'ayant qu'un but, vomir la mort, quelques canons de luxe, imitation lointaine des « douze pairs de France » de Louis XIV. Frédéric Ier fit couler *l'Europe*, *l'Asie* et *l'Amérique*, et chacune de ces pièces coûta 14,611 thalers. La charge était de 50 livres, et le boulet parcourait une distance de 5,400 pas. Mais le bronze où l'art a eu réellement sa part, c'est la *Belle Colombe*, splendide couleuvrine du seizième siècle, fondue à Magdebourg, et offerte par cette ville à Frédéric Ier. Les reliefs sont ciselés avec une finesse exquise et représentent une centaine de figures. Les anses sont formées par des groupes de guerriers enlacés. De semblables bijoux ne devaient s'employer qu'à tirer sur les princes. Une autre création de cet art ravissant de la Renaissance, qui ornait les poignards de pierreries et les canons de ciselures, c'est une pièce de Nuremberg, à l'affût délicatement ouvragé et aux roues travaillées comme de la dentelle.

Quelques-uns de ces canons poétiques parlent et louent Dieu comme les cloches des cathédrales. La plupart cependant crachent l'imprécation et l'injure.

Cette coutume païenne et barbare de spiritualiser la

matière, de la rendre complice des haines de l'homme, s'est conservée dans l'armée prussienne : les obus qui incendiaient le dôme de Strasbourg et visaient Notre-Dame de Paris portaient cette inscription : « Dieu est avec nous ! » (*Gott ist mit uns!*)

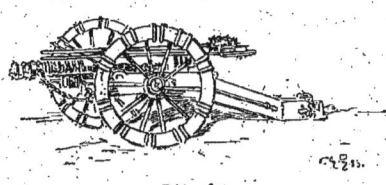

Bâtarde.

L'organisation militaire, pendant tout le moyen âge, se conserva telle que l'avaient créée les empereurs saxons et carlovingiens. Elle avait pour base la féodalité et le devoir imposé aux vassaux de suivre leur souverain à la

Grande coulevrine.

guerre. Le commandement supérieur était aux mains du roi ou de l'empereur; après eux, marchaient les grands dignitaires à la tête de leurs vassaux, puis les capitaines auxquels les chevaliers étaient soumis, enfin les pages, et les valets placés sous les ordres des chevaliers. Le contingent fourni par les chapitres était mené au combat par les *avoués* nobles, quelquefois par les prélats eux-mêmes. Ainsi l'ordre Teutonique qui, au retour des croisades, avait soumis les peuples slaves du Brandebourg à ses armes, était commandé par son grand maître.

Tacite nous apprend que dès le temps des vieux Germains les étendards servaient à distinguer et à rallier les divers corps d'armée. Peu à peu on attacha à ce signe des idées d'honneur national et de patrie ; l'aigle noir sur champ d'or devint, pour les Allemands ce qu'était l'oriflamme pour les Français, le danebrog pour les Danois, le caroccio pour les habitants de Milan.

L'armée était composée de cavaliers et de fantassins ; ces derniers devinrent plus nombreux à mesure que les villes organisèrent leur force militaire et que les mercenaires s'introduisirent dans les camps. Mais la cavalerie resta la force principale, le noyau autour duquel se groupait le reste de l'armée. Le soldat avait pour armes défensives le casque, la cuirasse, la cotte de mailles et le bouclier ; le casque du noble était d'or ou d'argent ; il protégeait la tête et la nuque, et sa visière, en s'abaissant, défendait le visage. Sous la cuirasse, faite d'abord d'écailles de fer et plus tard de fer battu, on portait une veste de cuir piquée de laine. La cotte de mailles remplaçait la cuirasse. Par-dessus on portait l'habit de guerre ou capote, avec une écharpe qui descendait de l'épaule droite sur la hanche gauche et servait de signe de reconnaissance. Plus tard l'uniforme s'introduisit et les soldats de chaque escadron eurent une capote de même couleur. Nous voyons Frédéric III partir pour Rome accompagné de mille cavaliers en uniforme rouge, et les mercenaires des villes adoptèrent ce costume dès le quinzième siècle.

Le bouclier était de bois, rond ou ovale, plus arrondi du bas que du haut, formant ordinairement relief, ferré aux bords et recouvert de cuir bouilli. Avec le progrès du luxe dans les vêtements grandit la richesse dans l'équipement des hommes et le harnachement des chevaux. L'uniforme de l'infanterie, plus simple et plus léger, consistait en une cuirasse et un casque. Pour armes offensives on avait l'arc ou l'arbalète et les javelots, l'épée à deux mains et à deux tranchants avec la poignée en croix, enfin des haches d'armes, des massues, des piques et des hallebardes.

Peu de tactique et de stratégie dans les combats. Si la charge de cavalerie ne décidait pas la victoire, on luttait corps à corps, une compagnie contre l'autre ; la force et le courage triomphaient. Souvent dans les grandes batailles les cavaliers, sans avoir reçu de blessures, périssaient étouffés dans la mêlée sous leur pesante armure, surtout s'ils avaient perdu leur cheval ou mis pied à terre, comme cela arriva à Sempach. Cette manière de combattre rendait les retraites meurtrières, et les historiens parlent d'un grand nombre de morts pour la moindre rencontre. Peut-être avait-on déjà l'habitude que nous voyons conservée dans les bulletins russes du Caucase, où, pour cent ennemis de tués, on cite à peine un seul mort dans l'armée victorieuse.

En marchant à l'ennemi, on entonnait un chant de guerre qu'accompagnait le son des cors et des trompettes. Il était honorable d'attaquer le premier et cette précipitation coûta souvent la victoire. Nul moyen d'ailleurs de combiner l'action de l'infanterie avec celle de la cavalerie, qui la méprisait sottement. Pour se mettre à l'abri des coups, on avait les burgs ou châteaux forts et les villes fortifiées par l'art ou la nature. Parfois on s'abritait derrière des camps retranchés ou des barricades de chariots. Ce dernier moyen de défense fut surtout employé par Jean Ziska, le grand capitaine des hussites. On prenait les places à l'assaut ou au moyen de machines à projectiles, ou encore après avoir battu les murs en brèche avec des béliers. Au moyen de tours mobiles on jetait des ponts sur les remparts. Parmi les machines qui servaient à lancer des flèches grosses comme des poutres ou d'énormes quartiers de rochers, nous citerons les balistes, les bombardes, etc. Afin de forcer la place à se rendre, on coupait les aqueducs qui lui fournissaient l'eau. De leur côté, les assiégés lançaient du haut des murs sur les assaillants des pierres, des poutres, de l'eau ou de la résine bouillante et faisaient des sorties pour détruire le matériel du siège. Au quatorzième siècle, l'emploi de la poudre vint transformer l'art de la guerre ; s'il faut en croire la tradition, ce furent les Arabes d'Espagne qui s'en servirent les premiers au siège d'Alicante, en 1331. La nouvelle invention pénétra aussitôt en Allemagne, et, dès 1360, Francfort et d'autres villes fabriquaient des armes à feu en fer ou en cuivre. Bientôt même on fondit des mortiers, et plusieurs princes eurent un parc d'artillerie. Au siège de Neuss, en 1475, Charles de Bourgogne amena jusqu'à trente-cinq pièces. Si l'emploi des armes à feu ne fut inauguré qu'à la bataille de Crécy (1346), du moins le voyons-nous usité en Prusse peu de temps après. Ce n'était d'abord qu'une arme grossière difficile à manier ; cependant l'usage du pistolet remonte, en Allemagne, à 1388.

Quant au transport du matériel, il avait été organisé sous Charlemagne, mais assez grossièrement, et la discipline laissait fort à désirer, malgré les rigueurs sanglantes dont on usait envers les maraudeurs.

Est-il besoin d'ajouter qu'au moyen âge la guerre se fit presque toujours avec la plus grande barbarie ? Incendies, meurtres, pillage, destruction des moissons et des fruits, tel était l'ordinaire accompagnement de la lutte. En fait de cruauté, la guerre de Trente ans dépasse tout ce qu'on peut imaginer; mais déjà, lors de la grande guerre que fit le comte palatin Ruprecht, on brûla vifs soixante prisonniers dans un four.

L'introduction des armes à feu, en changeant la tactique, fit perdre à la noblesse son importance sur les champs de bataille. Peu à peu l'infanterie se substitua au rôle prédominant de la cavalerie et l'armée féodale fut remplacée par des troupes soldées ou mercenaires. La révolution commença sous Frédéric Barberousse, Philippe-Auguste et Henri II d'Angleterre. En Italie, les villes opposèrent des soldats à gages aux troupes des Hohenstaufen. Frédéric II lui-même, au grand scandale des rigoristes, prit des Sarrasins à sa solde. Bientôt des bandes organisées (condottieri, grandes compagnies), commandées par d'illustres chefs, vendirent leurs services au plus offrant; les Suisses et les lansquenets devinrent ainsi les mercenaires de l'Allemagne. Enfin, au seizième siècle, le recrutement présida à la formation des armées modernes et l'art militaire du moyen âge fut éclipsé.

— Notre arsenal était bien plus riche en antiquités au siècle passé, nous dit le vieux militaire chargé d'introduire les étrangers. Mais les Russes et les Français ont passé par ici, et notre collection de vieilles armures est allée à Saint-Pétersbourg, — où nous irons la reprendre un jour; — les « Douze Apôtres » et les « Douze Électeurs » ont été emmenés à Paris, où nous n'avons pas réussi à les retrouver.

Au fond, sous les voûtes à peine éclairées, les pièces

d'artillerie françaises conquises dans la dernière guerre se pressent comme un troupeau affolé. Les canons de Strasbourg et de Metz forment de noirs entassements. Une vision monstrueuse que Callot eût intercalée dans sa *Tentation de saint Antoine* complète ce tableau : c'est la *Valérie*, hérissant sa croupe de bronze et ouvrant sa large gueule d'où semble sortir une menace éternelle.

Nous montons au premier étage par un escalier tournant encombré de visiteurs et de jeunes gens.

L'Arsenal est une école, un pèlerinage patriotique, un sanctuaire national où sont exposées les saintes reliques de la victoire.

On entre par escouade de quinze à vingt.

Nous attendons dix minutes, la porte s'ouvre, nous franchissons le seuil et regardons avec effroi autour de nous : de tous côtés des tubes d'acier brillant s'allongent le long des murs, pareils à des tuyaux d'orgues. Orgues terribles, sur lesquelles se joue le *Dies iræ* des peuples : alors la terre tremble sous le poids des cadavres qui tombent et une fumée de sang obscurcit le ciel !

La salle est immense. L'œil en sonde les profondeurs comme celles d'une forêt mystérieuse et tragique ; l'oreille écoute, croyant entendre Teutatès qui préside aux sacrifices sanglants. Les sabres se courbent comme des lianes ; les yatagans rampent au plafond comme des lézards gigantesques, recouverts d'une peau d'acier ; les baïonnettes forment des buissons hérissés comme des cactus ; les boucliers antiques s'accrochent comme des chauves-souris ; les colonnes qui soutiennent ce dôme et cet entassement de fer sont drapées d'étendards et ornées de trophées. Les anciens Germains clouaient à la porte de leur chaumière la tête de l'ennemi tué.

C'est la France, hélas ! qui est attachée à ces poteaux de guerre. Elle porte, comme un haillon glorieux, les drapeaux déchirés de Leipzig, de Wœrth, de Strasbourg et d'Orléans.

Les jeunes Germains qui viennent dans ce musée militaire étudier les dernières pages de leur histoire sont conduits par un gardien spécial chargé de l'explication.

Suivons les écoliers, et écoutons l'enseignement officiel :

— Les Français, s'écrie le « guide historique » avec emphase, sont les ennemis héréditaires de notre patrie. Dans les deux derniers siècles ils nous ont déclaré trente fois la guerre. Mais, en 1870-1871, nos armées victorieuses sont entrées pour la seconde fois dans la Babylone moderne, nos chevaux ont bu aux flots de la Seine et nous avons bu nous-mêmes le vin français à la santé de l'empereur d'Allemagne. La nation maudite est tombée comme écrasée sous le feu du ciel. A Wœrth, première défaite de Mac-Mahon : nous avons pris les deux aigles qui sont devant vous, six mitrailleuses, trente canons et nous avons fait quatre mille prisonniers. Lutzelstein, Lichtenberg dans les Vosges, Marsal capitulent dans cette première quinzaine du mois d'août. Après la victoire du 16 devant Metz, Phalsbourg capitule à son tour, puis Vitry qui laisse en notre pouvoir 16 canons, 17 officiers et 850 soldats. Le 29, Mac-Mahon, de nouveau battu près de Mousson, nous abandonne 20 canons et quelques milliers de prisonniers. La capitulation de Sedan nous a donné les aigles qui décorent cette colonne. Nous avons trouvé dans cette ville 400 canons de campagne, 70 mitrailleuses et 150 canons de siège. La clef suspendue dans cette boîte de verre est la clef de Sedan... Voici les 3,000 fusils, les 3,000 sabres, et les 500 cuirasses provenant de la forteresse de Toul. Le drapeau que vous apercevez là est celui de la garde mobile. Quatre jours plus tard, Strasbourg se rendait : 1.070 canons, 451 officiers, 17,000 hommes, toutes ces armes et ces aigles ! Soissons, Schlestadt nous ouvrent aussi leurs portes et livrent à l'armée allemande des centaines de canons et des milliers de fusils. Enfin Bazaine capitule ! Nous sommes ici dans le compartiment de Metz : 173,000 prisonniers, 3 maréchaux, 600 officiers, 35 aigles et drapeaux, 541 pièces de campagne, 800 canons de siège, 66 mitrailleuses, plus de 300,000 fusils ! Ce lustre suspendu au-dessus de vous, formé de sabres et de pistolets, décorait la salle du cercle des officiers français à Metz. Ces armes-ci ont été recueillies sur le plateau d'Avron, abandonné par l'ennemi. Voici deux aigles conquises dans le combat sanglant de Villersexel. Ces deux autres drapeaux ont été enlevés à l'armée de Bourbaki, entre Pontarlier et la frontière suisse. Les Français nous ont abandonné dans cette guerre 600,000 chassepots et 6,000 bouches à feu. Ils chercheront un jour à les reprendre, c'est pourquoi il faut que nous nous tenions prêts.

La leçon dure trente minutes, les petites pièces blanches tombent dans la main du vieil invalide, et les Allemands s'en vont, très fiers d'être Allemands.

« La Prusse, a dit le P. Didon avec une grande justesse d'observation, a l'ambition ou la prétention d'être militairement, politiquement, scientifiquement, moralement, religieusement, *cérébralement*, la première nation du monde. Le chauvinisme, en Allemagne, est plus qu'un sentiment, c'est une théorie, un dogme aux allures scientifiques. On distingue les races : la germaine et la romane ; on met bien entendu la germaine au premier rang, quoique la dernière arrivée sur la scène où se jouent les premiers

Le feld-maréchal de Moltke.

rôles. Les philosophes formulent le système à grands frais d'abstraction, les érudits à grands frais d'histoire essayent de le justifier, les poètes le chantent, et l'âme du peuple vibre aux accents lyriques d'un Schiller.

« La caserne, l'école : voilà ce qui frappe tout d'abord le regard de l'observateur, voilà toute l'Allemagne contemporaine.

« Les Allemands ont le culte de la force et celui de l'intelligence. Il n'est pas de pays où le militarisme soit plus fortement organisé et la science plus universellement cultivée. Nous dissimulons l'uniforme en France : en Allemagne, on l'étale. Il semble nous peser, et eux le portent avec une raideur superbe. Quelle luxueuse caserne que la capitale du nouvel empire !

« Chaque matin, — les jours de fête exceptés, — les régiments traversent, musique en tête, les principales rues, se rendant à Tempelhof, au champ de manœuvre. Avant de partir, ils vont au palais impérial prendre les aigles ; au retour, ils viennent les y déposer : le palais en est la remise. Lorsque les porte-drapeaux entrent, les tambours battent aux champs, accompagnés par le fifre strident et la fanfare.

« Le vieil empereur, debout à sa fenêtre, salue d'un mouvement de tête sa chère armée.

« Il a l'air d'être le premier soldat de son peuple. »

IV

LES STATUES

Si Frédéric II pouvait sortir de son tombeau de Potsdam, il retrouverait la Prusse avec ses soldats et ses savants, sa discipline et son intelligence.

Tout ce qui frappe le regard est militaire dans la capitale du nouvel empire.

Les statues qui ornent l'*Unter der Linden* font de cette longue avenue une sorte de musée historique et de voie triomphale.

Tous ceux qui ont levé l'épée ou taillé, comme Shylock, une livre de chair humaine, sont là, et semblent, du haut de leur piédestal, exciter encore leurs compatriotes au combat et à la rapine. Voici Frédéric le Grand, entouré des héros de la guerre de délivrance : Blücher, Gneisenau, York, Bülow et Scharnhorst. Sur le pont qui conduit au Lustgarten, on remarque huit groupes belliqueux : des Victoires enseignant à de jeunes Borussiens le métier des armes, couronnent les vainqueurs, relèvent les blessés ; des Iris montrent le chemin de l'Olympe à ceux qui sont morts dans l'enlèvement d'un drapeau ou d'une pendule ; sur la place du Palais-Vieux, se dresse la statue équestre de Frédéric-Guillaume III, et, au milieu du pont qui aboutit à la rue Royale, on voit la statue du Grand Électeur, entourée de soldats enchaînés.

Ces statues montrent bien quelles sont les préoccupations de ce peuple belliqueux. Ses grands hommes ne sont ni des philosophes ni des poètes : ce sont des chefs d'armée, des généraux. Et leurs statues sont là, au centre de la ville, comme dans un temple de Mars.

Frédéric le Grand est à cheval, la tête coiffée du petit tricorne, la canne légendaire suspendue au poignet.

La statue de Blücher et celles des quatre héros de la campagne de 1813 ornent la place de l'Opéra. Blücher, tête nue, cheveux au vent, foule un canon démonté ; et, agitant son épée, il s'élance contre l'ennemi héréditaire, l'*Erbfeind,* en poussant son fameux cri de : *Vorwærtz,* c'est-à-dire « En avant ! ». La tête est énergique, l'expression de haine est puissamment rendue. Blücher avait soixante ans quand il gagna la bataille de Leipzig. Esprit téméraire et fanatique, c'était le vrai chef qu'il fallait à ce peuple qui s'organisait pour la « guerre sainte ». — « Je ne sais pas lanterner, disait-il, je vais en avant ; et si on ne veut pas marcher, je préfère me retirer. » Il était pour les coups rapides et les grands coups. Jamais il ne consultait une carte ; il ne savait ni la grammaire ni l'orthographe ; c'était un général sans théorie et sans science, une sorte de caporal inspiré. Il buvait sec et jouait gros. D'anciennes gravures le montrent dans une obscure tabagie, devant une table de jeu, tenant d'une main une longue pipe au fourneau de porcelaine et de l'autre choquant son broc contre celui de ses partenaires. Au-dessous on lit cette légende : « Après le grondement du canon, c'est le bruit que je préfère. » (*Nach dem Kanonen Knall, ist mir dies der liebste Schall.*) Blücher détestait les soldats de la landwehr, créés par ordonnance royale du 17 mai 1813. Ces militaires improvisés, dont l'uniforme se composait d'un casque en fer-blanc, d'un sac de toile, d'un sarrau de drap, d'un pantalon de coutil et de bottes montantes, laissaient beaucoup à désirer au point de vue de la tenue, et Blücher, dans son langage pittoresque, disait d'eux « qu'ils ressemblaient à des cochons ». Ce furent cependant ces soldats, tout enflammés de patriotisme, qui culbutèrent les rangs ennemis à Leipzig.

Blücher est resté le type du vieux guerrier prussien.

A sa droite, la statue de Gneisenau. Blücher l'appelait sa « tête ». C'était en effet une tête de fer. Il avait cinquante ans lorsqu'il prit du service. Diplomate et soldat, il défendit Coblentz et fut envoyé en qualité d'ambassadeur en Angleterre et en Suède. Dans sa physionomie il y a de la fierté, de l'audace, de la persévérance.

De l'autre côté de la rue, Louis d'York brandit son épée. Son attitude est superbe. Les soldats l'avaient surnommé « le père Grognard » (*Vater Isegrimm*). York était hautain et exclusif. Il ne voulait obéir à personne et réclamait de ses subordonnés une soumission aveugle. Il haïssait le général Scharnhorst. Sans attendre les ordres du roi, il opéra sa jonction avec les Russes, disant : « C'est fait ; on en pensera ce qu'on voudra. »

Les deux autres statues sont en marbre de Carrare. Bulow, le général heureux, à qui la victoire resta fidèle, montre un front rayonnant. Scharnhorst est pensif et grave, comme M. de Moltke. C'était l'homme des combinaisons savantes, des plans longuement étudiés. Enveloppé dans son manteau, il semble qu'il médite à la veille de la bataille. Scharnhorst, sorti des rangs du peuple, était l'enfant de ses œuvres : fils de paysan, il avait commencé par être forgeron. Gneisenau disait de lui : « Je suis un nain à côté de ce géant. » Et Arndt, chantant sa mort, s'écriait : « Là où il est tombé, ses petits-fils planteront les chênes de la liberté! »

Toutes ces statues sont sorties du ciseau du sculpteur Rauch ou ont été modelées de sa main. Ce sont des chefs-d'œuvre d'expression, de mouvement et d'énergie tragique. En les voyant, on comprend qu'elles sont faites pour exalter le patriotisme et entretenir dans les cœurs la haine de l'étranger. Rauch est né en 1777. Il a puisé l'inspiration dans les abaissements mêmes, puis au milieu des gloires de sa patrie. Il a coulé en bronze et taillé dans le marbre les strophes ardentes des Kœrner et des Arndt. Ses décorations héroïques effacent en cet endroit la vulgarité de la rue, et montrent que les dieux de la guerre sont ici sur leurs autels, vénérés et tout-puissants [1].

[1]. Ce chapitre et divers passages des précédents sont empruntés au *Voyage au pays des Milliards*, par V. Tissot. — Dentu, éditeur.

V

L'UNIVERSITÉ. — LES ÉCOLES

Après les arsenaux et les casernes, ce qui appelle ici la curiosité, ce sont les écoles et l'université. Dans leurs ouvrages, les Prussiens s'intitulent volontiers les premiers éducateurs du monde : car ils ont au moins autant écrit sur l'art d'élever les enfants que sur l'art de tuer les hommes.

L'instituteur allemand est plus érudit que l'instituteur français ; il sait plus de textes, il connaît plus de sources ; mais la moyenne d'instruction de ses élèves n'est certes pas supérieure à celle des écoliers français. Plus studieux que le jeune Français, le jeune Allemand met au travail un grand acharnement : aucune difficulté ne lasse sa patience. Aussi rencontre-t-on des écoliers sans le plus léger duvet qui ont déjà l'apparence d'hommes mûrs. A douze ans, ils ont arrêté le plan de leur vie, et il est rare qu'ils ne le remplissent pas exactement. Ils se disent : « A dix-huit ans j'aurai fini mes études de gymnase, j'entrerai à l'Université, où je resterai trois ans ; j'en sortirai avec le titre de docteur en médecine ou de docteur en droit, je m'établirai ; à vingt-cinq ans, je serai marié, et à quarante, grand-père. » L'Allemand a une qualité essentielle, qui tient à la race : il calcule et règle toute sa vie à l'avance.

L'Université de Berlin est apparue la dernière dans le monde scientifique allemand.

Elle est de création moderne, comme le Musée et l'Opéra.

Frédéric-Guillaume, son fondateur, vit qu'on en pourrait tirer des soldats, et il en décréta la construction comme on décrète celle d'une caserne.

Inaugurée en 1810, au milieu des abaissements et des détresses de la patrie allemande, elle exerça une immense influence morale et politique. Les baïonnettes françaises n'intimidèrent pas les hommes qui s'étaient donné pour mission de sauver l'Allemagne en faisant appel à la jeunesse. La chaire des professeurs se changea en tribune. Le philosophe Fichte paraphrasa, dans ses *Discours à la nation allemande*, les chants de Kœrner : « Le Dieu juste est avec nous ; hurrah ! frères, sus à l'ennemi ! Hurrah ! affranchissons le Rhin, notre père. Hurrah ! vengeons notre mère, l'Allemagne ! » Tous ces philosophes, ces savants, réveillaient la jeunesse, la poussaient à l'action, soufflaient l'enthousiasme dans les cœurs, prêchaient la croisade de la délivrance. Ils formèrent dans le temple de la science ces volontaires déterminés qui, se plaçant au premier rang des batailles, entraînaient les vieux soldats par leur exemple.

Il y a quelque chose de grandiose et de sublime dans cet élan de la jeunesse allemande en 1813. La parole de quelques professeurs créa une armée plus disciplinée et plus résolue que celle qui venait des champs de manœuvre.

Les universités, — comme le faisait observer encore cette année un voyageur étranger, — les universités allemandes sont restées des foyers de patriotisme exclusif et féroce. Dans toutes les parties de l'activité humaine : art, sciences, littérature ou critique, la suprématie germanique s'y formule en syllogismes. Dans ces immenses officines, toutes les connaissances sont triturées, et ce labeur minutieux, qui d'abord semble désintéressé, donne fatalement pour résidu la souveraineté du génie allemand.

Le P. Didon qui, l'an dernier, après avoir pris ses inscriptions comme simple étudiant à l'université de Berlin, a eu l'occasion de voir tout ce qui s'y fait et d'entendre tout ce qui s'y dit, écrivait :

« En étudiant de près la jeunesse allemande, j'ai bien vite acquis la conviction que l'amour de la patrie, la conscience de ses destinées et l'ambition de ses gloires futures ont été cultivés surtout dans les universités.

« Les universités, à mon avis, ont jeté la pierre angulaire de l'empire allemand.

« C'est là que, malgré le défaut d'unité du territoire, de la race, des doctrines et des religions, malgré le particularisme des petits États, le patriotisme allemand a germé et grandi ; c'est là que les audacieux ouvriers de l'œuvre glorieuse mais sanglante se sont formés ; c'est là que tous les hommes de valeur du peuple allemand, à l'âge où l'idéal inspire tous les enthousiasmes, se sont rencontrés et ont tressailli sous la parole des mêmes maîtres.

« L'œuvre du chancelier pourra crouler, car elle n'a pas le sceau immortel de la justice ; mais l'œuvre profonde des universités a un grand avenir. Quelques désastres qui viennent fondre un jour sur l'Allemagne, les universités seront pour elle l'arche où se réfugiera son génie pendant la tourmente. Au surplus, il est vrai de le dire, ni la forme impériale, ni l'Alsace, ni la Lorraine, ne sont nécessaires à l'unité allemande : envisagée ainsi, cette unité n'a rien qui puisse offenser, indigner notre patriotisme.

« Certaines villes universitaires, Heidelberg, Gœttingen, par exemple, sont renommées pour la turbulence des étudiants. Le duel y est fréquent : on en compte plus de cent chaque année : il est entré dans les mœurs comme une habitude guerrière, mais barbare.

« Prenez garde, me disait, en souriant, un étudiant de « Berlin, quand vous serez à Gœttingen, de coudoyer dans « la rue, même par inadvertance, un *Burchenchafter* : « c'est une provocation. »

« Les différends entre étudiants se règlent à la fin du semestre, avant le départ pour les vacances. Les dernières semaines sont des semaines de *sang*. Le mardi et le vendredi, on voit, au point du jour, des voitures partir pour quelque village voisin, emmenant les champions, et revenir, les stores baissés, ramenant le blessé, la tête enveloppée de linges ensanglantés.

« Il est rare que la *Mensur* ordinaire mette en danger la vie des duellistes. Ils sont munis d'une cravate d'acier qui protège le cou, et d'une toile métallique qui protège les yeux. Ils ne manient pas la rapière la pointe en avant pour percer l'adversaire, mais ils lui font décrire de vastes cercles, à hauteur d'homme, de façon à frapper au crâne et à tailler les joues. Le nez est le point le plus menacé. Pourvu qu'il reste intact, le combattant s'estime heureux.

« Si large que soit l'estafilade, — telle est la bizarrerie de l'opinion, — l'estafilade est une beauté dont l'étudiant se glorifie. Il ne la dissimule pas, il la porte fièrement comme un signe de bravoure et la marque authentique qu'il a reçu le baptême de l'épée.

« Dans la ville universitaire, le restaurant est partout. Les habitants semblent être à la dévotion du professeur et de l'étudiant et n'avoir d'autre raison d'être que de les loger, les nourrir ou les abreuver. Rien n'est intéressant pour l'observateur comme ces salles où la jeunesse et ses maîtres viennent, chaque jour, passer des heures. On y voit défiler tous les types : il y en a, parmi les étudiants, deux bien tranchés : le *viveur* et le *laborieux*. Le premier, bravache et duelliste, à la mine martiale, avec la joue balafrée, à la petite casquette de couleur, sans visière, rabaissée sur les yeux, s'en va fouettant l'air de sa badine, toujours accompagné de son chien-lion ; le second, pauvre, économe et studieux, vêtu sans élégance, portant les cheveux longs, la barbe inculte, vit avec un franc cinquante centimes par jour ; il se lève de grand matin, assiste à cinq ou six leçons et mérite, par son travail, de devenir le disciple préféré d'un maître célèbre. Le premier parle de ses aventures, de ses duels, de ses festins ; le second, de la science, de ses examens, de ses rêves.

« Il y a aussi deux types de professeurs : l'un, taciturne, lit son journal et vide sa chope gravement, sans rien dire ; l'autre continue, au restaurant, devant un petit cercle de disciples, son cours de philologie, d'arabe, de vieux français ou d'histoire. Quelques-uns vivent retirés dans une maison écartée ; on les voit passer chaque matin, à la même heure, par la même rue, allant à l'université, et chaque soir se promener, leur femme au bras, sous les grands arbres hospitaliers qui semblent plantés là exprès pour eux. »

Les étudiants d'université vivent avec leurs professeurs dans une grande familiarité. Ceux-ci sont toujours prêts à les recevoir chez eux et à discuter avec eux des points sujets à controverse.

Aussi peut-on dire que les professeurs des universités allemandes n'ont pas seulement des élèves, mais des disciples.

Ces notes sur l'instruction publique en Allemagne seraient par trop incomplètes si je négligeais de vous conduire dans un *Kindergarten*, c'est-à-dire un « jardin d'enfants ». Il y en a trente-cinq à Berlin, dont sept fondés par la *Société des dames berlinoises*, huit par la *Société pour l'éducation des familles*, quatre par des sociétés d'arrondissement, et seize qui sont des entreprises privées.

Nous n'avons que l'embarras du choix ; allons, si vous le voulez bien, dans un quartier populaire, quelque chose comme notre Belleville, *Sophienstrasse* [1], n° 15. Il est nécessaire de prendre une voiture, car nous ne nous retrouverions pas dans ces labyrinthes de rues qui forment les faubourgs de Berlin.

Des *Linden*, nous filons à gauche ; nous passons devant la synagogue, dont les dômes bulbeux et recouverts de lames d'or font un singulier effet sous le ciel terne et voilé. Nous traversons la Sprée sur un mauvais pont de bois, et nous nous enfonçons dans une longue rue à l'aspect sordide, mal pavée, pleine de puanteur. Des troupeaux d'enfants à demi nus pataugent dans l'eau croupissante du ruisseau. Aux fenêtres, des hardes qui sèchent. A travers les soupiraux des caves, des figures de femmes pâles et souffreteuses, travaillant à de durs ouvrages : les lits sont pressés les uns contre les autres ; il y a à peine place pour

1. Rue Sophie.

une table et une chaise. Nous lisons sur plusieurs portes cet avis tracé à la craie, d'une main inhabile : « *Lits à louer.* »

A l'entrée d'autres caves, nous lisons : *Kaffee, Bier,* — et « *Billards français !* » Des hommes vêtus d'un pantalon et d'une chemise sont attablés dans ces bouges et boivent ensemble, au même verre, une bière blanche, aigre comme du cidre gâté.

Notre cocher nous montre, à droite, une vilaine maison sinistre, entourée de murs mystérieux : c'est la prison de Moabite, où l'on exécute les condamnés à mort. Et notre cocher nous raconte comment se font les exécutions.

A peine arrivé à la prison, le condamné reçoit la visite du bourreau, visite absolument inutile et qui augmente les angoisses de l'infortuné. L'exécution est toujours fixée au lendemain à sept heures et demie du matin. Dès six heures on ordonne au condamné de se lever, on lui a fait endosser les vêtements ensanglantés qu'il portait le jour du crime, puis la promenade fatale commence. Arrivé dans la cour de la prison, où se dresse l'échafaud, le condamné doit se tenir devant une table derrière laquelle sont assis des magistrats, et on lui donne lecture du jugement et du décret de l'empereur rejetant son pourvoi. Et c'est seulement après cette formalité, qui prend plus d'une demi-heure, que les magistrats livrent le condamné au bourreau. Alors vient la toilette funèbre. Le condamné est déshabillé presque jusqu'à mi-corps, les bras et les mains sont solidement ligotés ; enfin il doit gravir les marches de l'échafaud, se mettre à genoux et appuyer la tête sur le billot ; et c'est seulement après ces préparatifs interminables que les aides soulèvent les pieds du condamné et que le bourreau, d'un rapide coup de hache, lui tranche la tête.

La file des maisons se prolonge à l'infini et le même

spectacle se renouvelle sur la longueur d'un kilomètre. Enfin, la voiture s'arrête, nous sommes en face d'une grande maison jaune dont la cour est occupée par une brasserie. A droite un écriteau : *Kindergarten*.

Nous frappons.

Une jeune dame nous ouvre et nous introduit sans cérémonie. La classe est commencée ; elle dure de neuf heures à midi, et de une heure à quatre heures.

Les petites filles et les petits garçons sont assis pêle-mêle, en demi-cercle, devant des tables basses, dans des poses à ravir un peintre. Ils ont bonne mine et sont propres ; mais ni dans leurs mouvements, ni dans leurs regards, ils n'ont la vivacité et l'espièglerie françaises.

— C'est la sous-maîtresse qui me remplace aujourd'hui, nous dit notre introductrice : je souffre un peu de la gorge ; veuillez m'excuser de ne pas vous faire moi-même les honneurs de l'école.

Nous vîmes une jeune fille de manières distinguées, modeste et douce, de dix-huit à vingt ans, qui se tenait au milieu de la salle avec un bouquet à la main.

— Qu'est-ce que je tiens? demanda-t-elle à son auditoire de têtes blondes.

— Un bouquet ! crièrent les enfants en chœur.

La sous-maîtresse choisit encore une fleur, et, la promenant devant les petits écoliers, elle leur dit :

— Connaissez-vous cette fleur?

— C'est une marguerite !... c'est un œillet !... une tulipe ! répondirent trente bouches naïves et empressées.

— Non... Réponds, Jean.

— C'est une mauve.

— Bien, c'est une mauve. Regardez-la bien, car il faudra la reconnaître... Maintenant, répétez tous le nom de la fleur.

— C'est une mauve ! dirent d'une seule voix les quarante élèves.

Le bouquet tout entier y passa ; puis, comme les exercices ne durent jamais plus de dix minutes, la sous-maîtresse entonna un chant.

C'était plaisir de voir ces jolis enfants imiter avec une gravité comique le mouvement d'ailes des oiseaux ; ils agitaient leurs petits bras nus en répétant : « L'oiseau vole, — vole dans les airs, — en chantant ! » D'après la méthode Frœbel, le chant n'est pas seulement un exercice gymnastique : car, après avoir imité l'oiseau, on imite le soldat qui se défend, le cheval qui galope, le cordonnier qui coud la semelle ; c'est encore un exercice de mémoire et un moyen de former le cœur. Certains de ces chants se composent en effet d'une maxime morale, d'une pensée religieuse qui pénètre dans l'âme de l'enfant et y germe comme une semence de vertu.

La classe se divisa ensuite en deux groupes : les plus grands d'un côté, les plus petits de l'autre. Aux premiers on distribua un bâton de bois de la grosseur d'une allumette ; aux seconds, des bandes de papier de différentes couleurs qu'ils se mirent à tresser et à agencer de manière à former un dessin géométrique.

— Comment feriez-vous un drapeau avec votre bâton ? demanda la sous-maîtresse.

— En y ajoutant un morceau de soie avec l'aigle de l'empire.

— Agitez le drapeau.

Quinze mains blanches se levèrent et agitèrent le petit bâton avec des gestes vainqueurs.

— De quoi se sert-on pour écrire ?

— On prend une plume, comme ceci, répondirent fillettes et garçons en maniant leur bâton comme une plume.

— A qui écrit-on ?
— A son papa et à sa maman.
— Quand leur écrit-on ?
— On leur écrit pour le jour de leur fête et l'anniversaire de leur naissance.
— Et quand sa maman est absente, que lui écrit-on ?
— De revenir bientôt et de rapporter quelque chose.

Les enfants prennent un vif intérêt à ces causeries qui développent leur intelligence sans leur coûter trop de peine. Elles servent également à corriger la prononciation si souvent défectueuse que les mères apprennent à leurs petites filles.

La sous-maîtresse distribua trois nouveaux bâtons à l'aide desquels ses élèves formèrent une maison composée du toit et des murs.

— Où est le toit ? demanda l'institutrice.
— Là.
— Qu'y manque-t-il ?
— La cheminée.
— A quoi sert la cheminée ?
— A laisser passer la fumée.
— Qui est-ce qui ramone la cheminée ? etc., etc.

Les questions et les réponses s'étendirent, dans le même ordre, du toit jusqu'à la cave.

C'est ce que Frœbel appelle l' « enseignement par l'aspect ». Il n'y a qu'à suivre la curiosité de l'enfant pour lui apprendre une foule de choses qu'il ignore ou sur lesquelles il a des idées fausses ou incomplètes ; on l'accoutume ainsi insensiblement au discernement et à la réflexion. La statistique des écoles prouve que ceux qui ont été soumis à cette méthode naturelle, puisqu'elle n'est que le développement de l'éducation maternelle, ont montré plus d'aptitude que les autres et ont trouvé plus de facilité à l'étude des règles, après l'étude raisonnée des chose.

L'heure du dîner était arrivée ; la maîtresse fit placer ses élèves en rond et leur remit à chacun le petit panier

La porte de Brandebourg.

ou le petit sac apporté le matin, et dans lequel se trouvaient leurs provisions. Les enfants, sœurs et frères, voisins et voisines, s'envolèrent au jardin, dévorer à belles dents leur *butterbrot* (pain beurré), leurs cerises et leurs rondelles de saucisse.

L'après-midi se passe en plein air. Les garçons construisent des moulins, des ponts, ils élèvent des pyramides de pierres ou font du jardinage ; les petites filles courent, s'amusent ; les exercices varient à l'infini ; c'est un univers en miniature qu'un jardin d'enfants.

Je n'entrerai pas dans l'examen philosophique du système Frœbel ; ses résultats semblent satisfaisants, il vous importe peu d'en savoir davantage. Les *Kindergarten* prennent chaque jour une extension plus grande, non seulement en Allemagne, mais dans ces deux pays pratiques qui s'appellent l'Amérique et l'Angleterre. En Suisse, aussi, les résultats obtenus ont engagé le gouvernement à s'intéresser à la création de ces écoles de l'enfance, d'un si précieux secours pour les familles pauvres. A Paris, on s'est également occupé de la question ; et, si les jardins d'enfants ne sont pas nombreux, il en existe cependant. Un de nos professeurs de faculté qui a étudié la matière, M. Ch. Hippeau, dit avec raison, dans un de ses livres, que mettre au courant des procédés Frœbel nos instituteurs et nos institutrices, ce serait leur permettre « de donner aux enfants, sans fatigue et sans ennui, une instruction réelle et, ce qui vaut mieux, de les accoutumer à observer, à juger, à raisonner, non pas sur les mots ou les idées, mais sur tout ce qui les entoure ».

En sortant du *Kindergarten*, l'enfant entre à l'école primaire. Si c'est un fils de pauvre ouvrier, il ira à l'*Armenschule* (école des pauvres) ; si c'est un fils d'ouvrier un peu aisé, il ira à la *Volkschule* (école populaire).

Les fils de bourgeois ont la *Burgerschule* (école bourgeoise) ; quant aux bourgeois très riches et aux nobles, on les envoie aux *gymnases*. Il y a encore les *Realschulen* (écoles réelles), qui correspondent en quelque sorte à nos écoles d'enseignement secondaire spécial. Les gymnases ne sont pas autre chose que nos lycées, avec la chaire de philosophie en moins, attendu que la philosophie fait partie de l'enseignement universitaire.

L'enseignement, dans ces divers établissements, n'est ni meilleur ni pire que celui qui se donne en France.

Faisons toutefois observer, et cela est important, que les Allemands s'appliquent de bonne heure à fortifier le corps ; la gymnastique est plus en honneur dans leurs écoles que chez nous ; elle figure dans le programme des études ; il faut un certificat du médecin pour en être exempté. Les *Turnhalle* (salles de gymnastique) sont admirablement montées en engins de tout genre. On peut y apprendre l'escrime, le bâton, le saut, la lutte.

Jahn, le vulgarisateur de la gymnastique en Prusse, est mis au rang des héros de 1813. Les sociétés de gymnastique de l'Allemagne entière ont envoyé des députations à Berlin pour assister à l'inauguration de sa statue, il y a deux ans.

Lorsque Jahn, accompagné de ses élèves, passait sous la porte de Brandebourg, dépouillée de son char de la Victoire, il leur demandait :

— A quoi pensez-vous ?

S'ils s'avisaient de mal répondre, il leur appliquait un soufflet sur la joue en leur disant :

— Une autre fois, pensez que vous êtes des fils de vaincus, et que votre devoir, dès que vous serez hommes, sera d'aller chercher à Paris le char de la Victoire, enlevé de la porte de Brandebourg par le voleur Napoléon.

VI

LE PALAIS DE L'EMPEREUR

On raconte que, lorsque Frédéric-Guillaume III monta sur le trône et qu'il rentra de sa première sortie comme roi, il trouva la porte de son salon ouverte à deux battants : « Suis-je donc devenu beaucoup plus gros depuis hier? » demanda-t-il au laquais, qui avait cru mettre en pratique une des premières règles de la nouvelle étiquette. Et il ordonna que l'on continuât de faire comme au temps où il n'était que prince royal et où l'on n'ouvrait les portes qu'à un battant.

Le fils a suivi l'exemple du père. Élevé dans les principes d'une économie rigoureuse, ennemi de la représentation et du faste, Guillaume Ier, après son avènement, n'a rien changé à son petit train de vie bourgeois et simple ; il est resté dans la maison qu'il habitait comme prince héritier, et, après son couronnement impérial sous les murs de Paris, il est revenu encore, — avec un peu plus de tambours et de trompettes, — dans ses modestes appartements royaux. Cette maison à deux étages, qui ne se distingue des autres ni par son architecture ni par aucun signe extérieur, qui n'a ni festons ni astragales, qui est alignée dans le rang comme un simple soldat ; cette maison vulgaire, dont une grille n'établit pas même la démarcation avec la rue, est, aux yeux des Berlinois, qui en connaissent l'auguste habitant, un vrai « Palais » ; le contenu donne son nom au contenant. Mais pour l'étranger, pour celui qui a vu les Tuileries, le *Hof* de Vienne, le Palais d'Hiver de Saint-Pétersbourg, le Quirinal et Saint-James, c'est un hôtel sans cachet, un immeuble de marchand retiré, qui ne frappe pas même le regard. Il faut flâner quelque temps sous les *Tilleuls* avant de soupçonner la redoutable majesté qui a choisi ce carré de briques badigeonnées pour son domicile terrestre. Les sentinelles mélancoliques, plantées sur le perron comme deux paratonnerres, sont relevées toutes les deux heures ; et, un peu avant midi, une solennelle procession de généraux casqués, enveloppés dans leur vaste manteau aux revers rouges, se rend à la crèche de la monarchie prussienne, avec les grands sabres qui leur servent de houlette. Vers le soir, des équipages et des berlines échouent au pied de l'escalier ; puis, à la tombée de la nuit, entre chien et loup, une petite voiture couleur aile de corbeau, aux allures mystérieuses et fantastiques, traînée par un cheval agile comme une fouine, frôle les murs de la maison parcimonieusement éclairée, et disparaît à gauche sous une porte cochère qui se referme sur elle avec la rapidité d'une trappe. Cette voiture-fantôme est celle du Méphistophélès de l'empire, — M. le prince Otto de Bismarck-Schœnhausen.

Dès que les premiers rayons d'avril sèment leurs paillettes d'or sur les toits de la capitale, une fenêtre s'ouvre à l'angle du « Palais », et un vieillard robuste, au front chauve, à la mine rubiconde, vient s'y encadrer. La tête est énorme et repose sur des épaules de colosse. Des yeux gris, aux filets jaunâtres, brillent sous une forêt de sourcils qui se froncent facilement. Sa moustache, qui se relie à des favoris touffus et blancs, retombe en flocons sur les lèvres et en voile la contraction ou le sourire, la joie ou la colère. Cette apparition olympienne, qui se dissimule sous une capote de caporal, c'est l'empereur. De la rue on pourrait lui serrer la main ou lui tendre une lettre. Il assiste au spectacle de sa bonne ville qui s'éveille : car il aime à jouir de bonne heure de la vue de son peuple obéissant et fidèle, et il se lève tôt pour bénir les dieux qui accordent un jour de plus à sa gloire. Il est debout à l'aube ; et alors, chantent les poètes du nouvel empire : « Le soleil du ciel salue le soleil de la terre. » En réalité, il n'y a que les balayeurs qui passent et qui saluent, comme leur maître, celui dont le bras vigoureux a balayé de leur trône tant de rois et tant de princes.

De cette fenêtre, Guillaume Ier embrasse d'un coup d'œil le tableau de son empire et de sa puissance : là, à droite, c'est l'Arsenal qui élève sa façade triomphale ; à côté, c'est un corps de garde, et un peu plus loin l'Université, autre corps de garde où veillent ces soldats de l'esprit qui combattent à coups de plume et à coups d'idées. Puis c'est l'Opéra, séjour des danses et des ris, où la *Flûte enchantée* fait oublier les hurlements des batailles. En face de la fenêtre royale, Frédéric le Grand, sur son coursier de bronze, semble montrer le chemin de la victoire à ses successeurs ; autour du roi guerrier et philosophe, les généraux de 1813 et 1814 forment comme le rempart de l'ancienne monarchie, et on les dirait prêts à descendre de leur piédestal pour défendre la nouvelle.

Cette fenêtre est historique.

L'empereur Guillaume ne doit jamais l'ouvrir sans se rappeler combien est mobile et capricieuse la faveur populaire.

En 1848, des bandes d'insurgés armés de piques et de fusils vociféraient sur la place : « Mort au roi ! mort au prince royal ! » C'est à ce dernier que la populace en voulait surtout. Il dut se déguiser en cocher et fuir de Berlin pendant la nuit. A Hambourg, il s'embarqua pour l'Angleterre, sous le pseudonyme de Muller, et ne revint dans cette maison, où le même peuple l'acclame aujourd'hui, qu'après une longue année d'exil. A son retour, il put lire sur la façade de son palais ces mots mal effacés, tracés par la griffe sanglante de la révolution : *Propriété nationale*.

De cette fenêtre le roi a entendu les fanfares qui célébraient son avènement ; il a vu, en 1861, ce défilé grandiose de drapeaux de tous les régiments créés par la nouvelle loi militaire, vision de l'Allemagne nouvelle rentrant dans ses foyers, noire de poudre, chargée de butin. Il a assisté aussi en 1863, lors de l'inauguration du monument élevé à la mémoire de son père, au défilé de ces vétérans de 1813 et 1814 qui acclamaient déjà en lui le vainqueur futur du neveu de Napoléon.

C'est de cette fenêtre du rez-de-chaussée que le roi de Prusse annonça lui-même à la foule la victoire de son fils près de Skalitz.

Et c'est à cette fenêtre que l'empereur d'Allemagne se montra à la foule en délire, après la capitulation de Paris.

Guillaume Ier occupe ce palais depuis 1829, — époque de son mariage. Il l'a fait construire à ses frais, d'après les plans de Langhans, sur l'emplacement de l'ancien palais des margraves suédois, résidence du commandant

« Mort au roi ! » criaient les insurgés.

général de la province de Brandebourg. Déjà sur le plan primitif, il avait désigné lui-même, pour ses propres appartements, l'aile droite qui a vue sur les *Tilleuls*. Un escalier de fer met la pièce du fond, qui sert de bibliothèque, en communication avec les appartements de l'impératrice.

Entrons.

Le palais est ouvert à tout venant quand Sa Majesté n'y est pas. Nous traversons le vestibule et l'on nous introduit dans un joli petit salon où se tient l'adjudant de service. Les portraits du Grand Électeur et de Frédéric le Grand ont été placés au-dessus de la porte, par ordre de l'impératrice, comme pour bénir l'empereur à son retour en 1871, et l'accueillir d'un *Salve, Imperator!* C'est du reste une coutume générale, en Allemagne, de décorer les portes de guirlandes pour fêter l'arrivée du maître au logis.

Ce salon d'attente est orné de toiles médiocres dont les sujets sont empruntés à l'histoire militaire du Brandebourg et de la Prusse. On y voit le voyage du Grand Électeur sur les glaces du Haff, les principaux épisodes de l'épopée héroï-comique de Frédéric le Grand, les scènes meurtrières de la révolution de 1848. Ici, c'est Guillaume Ier, alors prince royal, qui mitraille les insurgés du Palatinat ; là, c'est encore le futur empereur qui commande une charge contre les bandes révolutionnaires du pays de Bade. Il n'a pas ménagé, on le sait, « cette populace bonne, comme il disait alors, à être balayée par le canon ».

Un écrivain allemand, M. Owerbeck, a tracé en ces termes la conduite fraternelle des Prussiens dans l'Allemagne du Sud : « Les soldats du Prince le Sabreur avaient l'habitude de rosser les prisonniers à coups de crosse et de bâton ; très souvent aussi ils fouettaient les femmes, et, avant de quitter les maisons dans lesquelles ils étaient entrés, ils n'oubliaient jamais de briser les glaces, la vaisselle et les meubles, disant que « la canaille » ne méritait pas d'autre traitement. » Le succès de cette campagne fut rapide. Nommé colonel général d'infanterie et gouverneur de la forteresse fédérale de Mayence, le prince royal chercha à regagner dans l'armée la popularité qu'il avait perdue dans le pays. C'est de cette époque que datent sa sollicitude et ses soins pour tout ce qui touche au militarisme et au progrès des sciences de la guerre. Le bruit de la poudre, le cliquetis des armes résonnèrent à ses oreilles comme une musique céleste. Son cabinet se transforma en arsenal; il couchait sur un lit de camp, avec ses bottes, et ceint de son épée comme un moine ascétique de son cilice. Quand il écrivait, il se coiffait de son casque et s'asseyait sur un petit canon qu'il avait fait transporter dans sa chambre. Un obus, placé devant lui comme la tête de mort dans la grotte de saint Jérôme, lui servait d'encrier, et le manche de sa plume figurait une lance d'uhlan. Aux parois, des gravures belliqueuses : des escadrons à demi cachés dans la poussière comme une légion d'anges exterminateurs dans les nues ; des bombardements terribles, des assauts héroïques, des cités en flamme, toutes les sombres images de la désolation et de la ruine. Pour ce soldat mystique, la guerre devint un apostolat, et il vit dans ses visions et ses extases le monde nouveau dominé par une croix lumineuse, formée d'un fusil et d'un sabre.

Dans ce même petit salon sont rangés sur des rayons, à hauteur d'homme, les divers modèles de pièces d'acier de l'artillerie prussienne et des statuettes de soldats allemands, français, russes et autrichiens. Les bustes des électeurs de Brandebourg et des rois de Prusse ornent les embrasures des fenêtres. C'est dans ce salon qu'on introduit les ministres, les généraux, les conseillers, toutes les personnes qui ont une audience de Sa Majesté.

Un couloir conduit du salon d'attente dans la salle des Drapeaux, où l'empereur reçoit les députations et les ambassadeurs. Au fond de la salle s'élève une espèce de pyramide destinée à loger les drapeaux des régiments de la garde en garnison à Berlin. C'est un ancien privilège de ces régiments de déposer leurs enseignes au palais du roi, tandis que les drapeaux des autres corps restent au quartier, et ceux de la landwehr à l'Arsenal. Quand la garde se rend à l'exercice, les porte-enseignes, conduits par le chasseur de service, viennent chercher leurs drapeaux, et souvent l'empereur, qui travaille dans la pièce voisine, quitte sa table pour s'entretenir familièrement avec les soldats. Dès que retentit la musique de la garde, attendant devant le palais l'arrivée des drapeaux, Sa Majesté court à la fenêtre, en boutonnant son uniforme et en passant en toute hâte autour de son cou l'Ordre pour le mérite. Nul ne pousse aussi loin que l'empereur l'amour de la discipline et le scrupule de la bonne tenue. On raconte que M. de Bismarck, attaché à l'ambassade de Francfort, gagna la faveur de Sa Majesté pour avoir un jour empêché le roi de paraître devant ses troupes avec un uniforme qu'il avait oublié de boutonner complètement.

On a mis dans cette salle des Drapeaux plusieurs toiles d'artistes berlinois et quelques bonnes copies de tableaux anciens. Depuis 1866, le panorama du champ de bataille de Kœnigsgrætz est resté déployé sur le sofa. Des deux côtés de la glace, entre les deux fenêtres, on remarque de très beaux vases de porcelaine, remplis d'œufs de Pâques également en porcelaine, provenant de la manufacture impériale. Quelques-uns de ces œufs enguirlandés et enluminés, sur la coquille desquels s'épanouissent des fleurs ou des têtes de chérubins joufflus, sont des cadeaux de Pâques de l'empereur Alexandre.

De la salle des Drapeaux on passe à celle des Rapports et des Conférences. Le premier objet qui vous frappe, c'est le plan en relief du champ de bataille de Kœnigsgrætz, depuis Daub jusqu'aux fortifications de Kœnigsgrætz. On embrasse d'un seul coup d'œil cette vaste étendue, et l'on se rend exactement compte de la configuration du terrain et du mouvement exécuté par le roi dans cette journée mémorable. Autour de la table recouverte d'un tapis vert se réunit le conseil des ministres. Six chaises sont rangées de chaque côté; le siège de l'empereur, plus élevé, se trouve devant la cheminée, et lui permet de voir le champ de bataille de Kœnigsgrætz, dont je viens de parler, et, à travers la fenêtre, le monument de Frédéric le Grand et l'Arsenal. Sur la table, beaucoup de recueils de lois, de règlements militaires, et l'Almanach du gouvernement et de la cour; un portefeuille fermé à clef porte cette inscription: *Rapports des conseillers secrets*. C'est dans cette pièce que l'empereur, alors prince régent, tint, au nouveau ministère assemblé pour la première fois sous sa présidence, ce discours célèbre qu'on a appelé depuis « le programme de la monarchie prussienne »; c'est sur cette table que Sa Majesté a signé en 1864, 1867 et 1870 l'ordre de mobiliser l'armée.

On dépose dans cette salle les œuvres littéraires ou artistiques adressées directement à l'empereur. Il procède lui-même à l'ouverture des paquets; ses conseillers sont chargés de la réponse.

Le long du mur règne un large divan où sont entassés pêle-mêle des plans, des cartes, des livres; je remarque deux exemplaires de la grande édition de luxe du *Couronnement du roi à Kœnigsberg en 1861*. Le tableau à l'huile du mont Hohenzollern, sur lequel s'élève le château nouvellement restauré de la maison royale, décore le panneau de la cheminée. Un guéridon placé près de la fenêtre et chargé de ces petits cadeaux qui entretiennent aussi bien l'amitié des rois que celle des simples particuliers complète l'ameublement. Les presse-papier, les cachets, les écritoires en lapis-lazuli abondent et prouvent que cette pierre rare est très commune à la cour de Russie.

Passons au cabinet de travail de l'empereur. Deux fenêtres seulement : la première donne sur les *Tilleuls*; c'est de cette fenêtre que Sa Majesté découvre cet horizon propice aux pensées belliqueuses ; c'est de cette fenêtre également que l'empereur fait signe d'entrer aux pauvres pétitionnaires qui se tiennent perchés pendant des heures sur la grille du monument de Frédéric le Grand, et qui élèvent leurs placets dans les airs, comme des naufragé agitant leurs mouchoirs. La seconde fenêtre s'ouvre sur une véranda en face de l'Opéra.

En entrant le matin dans son cabinet de travail, l'empereur s'approche d'abord de cette seconde fenêtre, où est suspendu un calendrier-éphéméride à son usage personnel : chaque feuillet porte en tête un verset de la Bible, un proverbe ou une pensée tirée des poètes ou des philosophes allemands ; puis au-dessous du quantième en gros caractères, les événements marquants du règne, la publication de certaines ordonnances, les revues passées, les voyages entrepris, les visites reçues. Sa Majesté ajoute des remarques au crayon sur ces pages, et souvent elle y résume sa journée en une ligne, en un mot. Ces notes manuscrites seront précieuses pour l'histoire de sa vie.

La table de travail de l'empereur est placée au jour, près de la fenêtre. Du pavillon de l'Université on peut voir Sa Majesté écrivant avec une grande plume d'aigle. Devant lui, sur une tablette, sont les portraits-miniatures et les photographies de ses enfants et petits-enfants, et divers souvenirs qu'il a recueillis lui-même sur les champs de bataille : des balles, des éclats d'obus, des cartouches métalliques. On remarque aussi la statuette du sergent-major qui arriva le premier sur la redoute de Düppel. Les bustes en marbre du roi Frédéric-Guillaume, de Frédéric le Grand, de l'impératrice Alexandra Feodorowna, sœur bien-aimée de l'empereur, de la princesse Charlotte de Prusse, sont posés sur des piédestaux. Les portraits en pied de l'impératrice et de l'empereur Alexandre couvrent complètement le mur. Dans les embrasures des fenêtres, les médaillons de l'empereur Ferdinand et de l'empereur François-Joseph ; sur des socles en bois, les statuettes de l'empereur Nicolas, costumé en Cosaque, et de l'empereur Alexandre II, en uniforme de hussard. Au milieu du cabinet, deux tables : sur la première sont déposés les rapports, les pétitions, les dépêches, les journaux, tout le matériel de travail de l'empereur ; sur la seconde, Sa Majesté a rangé elle-même les cadeaux de Noël et d'anniversaire de naissance qui lui ont été offerts par les membres de sa famille. Voici des albums fabriqués par le prince héritier, qui a appris l'état de relieur, des sabres de bois, des poignards d'ébène sculptés par le prince Frédéric-Charles, qui a appris l'état de menuisier ; puis ce sont des bouquets de bluets, — la fleur favorite de l'empereur, — habilement imités par les filles du prince Frédéric-Charles. La broderie qui recouvre cet étui à cigares sort des mains de l'impératrice. Quant à ce petit guéridon dont trois grenadiers forment le socle, c'est un présent du prince de Schwarzbourg-Rudolstadt ; il est fait avec le bois du tilleul sous lequel tomba le prince Louis-Ferdinand de Prusse, blessé à Saalfied. Le prince, sommé de se rendre par des cavaliers français qui le poursuivaient, répondit en se défendant : « Un prince prussien ne se rend pas. » Et il tomba percé de coups sous ce tilleul historique.

Un bureau à cylindre attire encore la curiosité du visiteur ; ce meuble remonte aux premiers temps de la jeunesse de l'empereur, c'est-à-dire à l'époque de la Sainte-Alliance et de la guerre de 1813. Le canapé est littéralement encombré de paperasses, de cartes de géographie, de dessins, de livres. Mais la bibliothèque habituelle de l'empereur n'occupe qu'une modeste étagère et se compose d'une Bible, d'un Recueil de psaumes, d'un Almanach du gouvernement et de la cour, d'une Histoire des régiments prussiens, des règlements et ordonnances militaires et des discours de M. de Bismarck.

Jusqu'à la dernière maladie de l'empereur, il n'y avait dans cette pièce qu'une seule chaise, celle sur laquelle Sa Majesté s'asseyait pour écrire. On y voit maintenant un fauteuil.

La bibliothèque du palais est contiguë au cabinet de travail. C'est une salle sombre et étroite, au fond de laquelle se trouve l'escalier de fer qui conduit aux appartements de l'impératrice. On remarque en entrant un appareil mécanique qui permet de déployer les grandes cartes de géographie et de les descendre à hauteur du regard. Le plan de Berlin et des environs, dressé spécialement pour les exercices et les manœuvres militaires, les cartes stratégiques de la marche de Brandebourg, du royaume de Prusse, de l'Allemagne, de la France, de l'Autriche et de la Russie tapissent les murs. Les livres sont enfermés dans des armoires, sur lesquelles on lit : *Histoire de la guerre*, *Histoire de la maison royale*, etc. D'énormes portefeuilles regorgent de gravures, de lithographies, de photographies, de caricatures. Au bas d'une de celles-ci, prise au hasard, et portant la date néfaste de la Commune, je lis : *Demantez l'endrée driomphale de Sa Majesté Pendule dans sa ponne ville de Baris*. Les caricatures sur Napoléon se comptent par centaines. Un croquis de M. Thiers à Versailles, pendant l'armistice, est frappant de ressemblance [1]. Un autre portefeuille renferme tous les modèles d'uniformes des armées européennes. Dans une armoire sont soigneusement classés et étiquetés les écrits de l'empereur, ses Mémoires adressés à son père sur la réorganisation de l'armée, ses rapports lus dans les commissions ou en conseil de guerre. Une armoire dissimulée derrière des rideaux verts porte le triangle maçonnique.

Mon guide me montre aussi l'adresse présentée à l'empereur d'Allemagne par les Allemands résidant à Saint-Pétersbourg : c'est un splendide volume relié en maroquin rouge, et qui porte l'aigle impérial allemand au-dessus des armes de la capitale russe. A la première page, des aquarelles représentent l'entrée de Guillaume Ier dans la ville des czars. Le prince héritier suit la voiture des deux empereurs, et un groupe de gens qui ouvrent la bouche, en signe d'enthousiasme, représente les Allemands. Plus loin, l'Allemagne et la Russie harnachées en guerre se tendent une main fraternelle. Des figures allégoriques

---

1. Cette collection, ayant pris des proportions trop considérables, a été transportée à la bibliothèque ; elle comprend non seulement tous les journaux illustrés, mais encore tous les livres français, anglais, russes, allemands publiés sur la guerre. On y trouve jusqu'aux publications poétiques de M. Lemerre et une collection très complète du *Charivari*, qui s'amusait alors à représenter S. M. Guillaume sous le poids des pendules.

personnifient les divers États de l'Allemagne qui marchent contre Paris, précédés de l'aigle au vol victorieux et aux serres menaçantes. Au premier plan, jonchant le sol, les armes brisées du césarisme napoléonien. L'adresse, en lettres gothiques, est suivie d'une traduction latine et porte environ huit cents signatures.

Une petite porte conduit à la chambre à coucher de l'empereur, à côté de laquelle se trouve le cabinet de son aide de camp.

Les appartements que nous venons de traverser sont le miroir fidèle de celui qui en a fait sa demeure.

Son esprit militaire, ses belliqueuses préoccupations se reflètent dans chaque meuble, dans chaque tableau, dans chaque objet. C'est le boudoir de l'Arsenal, qui est vis-à-vis. Les armes y sont charmantes comme des jouets, et l'on comprend que ces gentils soldats de plâtre, ces jolis canons qui roulent sur des roues argentées, habituent celui qui les a sous la main à envisager la guerre comme un aimable jeu. Guillaume Ier en est arrivé à prendre son épée comme un poète prend sa lyre. Les dieux lui ont donné le génie des batailles comme ils donnent à d'autres le génie de la poésie et de la musique. Ce n'est pas un imitateur, c'est un artiste, un créateur, un maître.

Avec l'aide de ces deux cyclopes qui s'appellent de Bismarck et de Moltke, il a forgé le siècle de fer.

Les historiens ont dit que l'empereur Barberousse était la personnification de l'Allemagne grandiose ; que son fils, Henri VI, qui écrivait au pape : « Mon père vous a châtié avec des fouets ordinaires ; moi, je vous châtierai avec des verges de fer, » est la personnification de l'Allemagne terrible ; en poussant la comparaison jusqu'aux temps modernes, l'empereur Guillaume n'est-il pas la personnification de l'Allemagne guerrière ? Jamais la nation n'a été plus formidablement armée ; jamais elle n'a pu mettre tant de bataillons et de batteries en ligne ; jamais elle n'a tant lancé de vaisseaux sur les mers, élevé tant de forteresses, construit tant de casernes, d'arsenaux et de remparts.

Si l'Allemagne est aujourd'hui la première puissance militaire du monde, c'est à son empereur qu'elle le doit. Il a vaincu les résistances de ses conseillers, il a dissous les parlements, il est allé à son but avec la force et la précision du boulet ; et, lorsqu'il l'a eu atteint, le peuple, fier de son adresse et de sa force, l'a acclamé.

Quand des appartements de l'empereur on passe dans ceux de l'impératrice, il semble que l'on entre dans une chapelle : partout des images pieuses, des toiles bibliques, des tableaux de sanctuaires et de cathédrales. On se croirait dans le palais d'une reine d'Espagne, et l'on cherche la lampe qui brûle devant la Vierge, confidente secrète des tristesses de la couronne. La dévotion de l'impératrice a mûri comme ces fruits tardifs, mais qui n'en sont pas moins savoureux. Lorsque cette élève enthousiaste de Gœthe s'échappa de la petite cour de Weimar et épousa le prince royal de Prusse, on ne parlait que de son amour pour les sciences, les lettres, la philosophie et les arts.

Elle était jeune, elle était spirituelle et belle, les poètes la chantaient, le peuple l'adorait. Le prince subissait doucement son influence, et son intérieur avait des charmes qu'il a perdus depuis. « Le soir, dit un écrivain de l'époque, on se réunissait dans le salon de la princesse, autour de la lampe. Le prince dessinait tout en causant. Les dames tricotaient. » C'était le bonheur conjugal, le bonheur simple et bourgeois.

Aussi l'impératrice lutta-t-elle longtemps contre les goûts belliqueux de son époux. Elle aurait certainement empêché l'écrasement du Danemark, la lutte fratricide de 1866, si déjà Guillaume Ier n'eût été en puissance de chancelier. Aussi, depuis que la tempête des guerres souffle à Berlin, depuis que « la ville de l'intelligence » est la ville des canons, l'impératrice éprouve un invincible dégoût pour la capitale ; elle n'y réside plus que deux ou trois mois par année, et les journaux lui prêtaient dernièrement l'intention de se retirer dans son château de Coblentz, au bord du Rhin.

C'est dans ce château, admirablement situé sur le grand fleuve, que se passa une scène peu connue, dont nous pouvons garantir l'authenticité.

Quelque temps avant que M. de Bismarck provoquât la France à la guerre par les fameuses dépêches que l'on sait, le roi vint trouver la reine à Coblentz. Il se montra très préoccupé pendant le dîner, toucha à peine aux mets, et invita la reine à l'accompagner dans le jardin. La nuit tombait. Semblables à des fleurs lumineuses semées à la surface de l'eau, les étoiles scintillaient sur le Rhin. La terre s'endormait de ce doux et calme sommeil qui est comme le repos d'une conscience sans remords. Le roi demeura d'abord silencieux ; il levait de temps en temps la tête avec effort et semblait aspirer, avec un charme plein de tristesse, cette paix profonde qui l'environnait. Arrivé dans la partie sombre du jardin, il s'arrêta, et pressant le bras de la reine sous le sien, il murmura d'une voix étouffée : *Der Krieg!* (la guerre !) Il expliqua alors à la reine, d'une manière brève et rapide, la situation de l'Allemagne dans le conflit de la candidature Hohenzollern, et conclut en répétant de nouveau, mais cette fois avec une sombre énergie : « Que voulez-vous ! c'est la guerre ! »

La reine fut atterrée. Elle entraîna le roi plus avant

dans l'allée obscure, et, tombant à ses genoux, elle le supplia de conjurer l'orage, de ne pas obéir aux suggestions de M. de Bismarck, d'épargner à sa patrie un fléau si affreux. Un instant, le roi parut ébranlé. Il laissa retomber sa tête sur sa poitrine, et la reine se leva pour l'embrasser. Mais tout à coup, comme si une inspiration infernale passait dans son cœur, il se rejeta en arrière, secoua la tête comme le lion qui se réveille, et répéta avec un accent de haine farouche : « *Das muss sein!* » (Cela doit être!) Et, sans attendre la reine, il remonta précipitamment au château, fit lui-même sa malle et repartit le lendemain.

Un mois après, la reine en pleurs rentrait à Berlin, encombré de soldats et de canons, et elle écrivait d'une main tremblante, sous la dictée du roi, ce fameux appel aux femmes allemandes :

La patrie espère que toutes les femmes feront leur devoir; il s'agit d'envoyer des secours vers le Rhin.

Signé : La Reine.

Pendant tout le temps de la guerre, la conduite de la reine fut admirable de charité et de dévouement. Si tant de pauvres prisonniers français ne sont pas morts de froid sous les latitudes glacées du Nord, c'est à l'impératrice Augusta qu'ils le doivent. Elle rendit publiquement honneur aux vaincus ; elle envoya à ceux-ci des couvertures, des bas chauds, des souliers ; à ceux-là du vin, du tabac, des livres ; elle s'ingénia à trouver tout ce qui pouvait soulager de si grandes infortunes et adoucir les heures cruelles de la captivité. Elle alla jusqu'à contracter personnellement des dettes pour répandre un peu plus de bien.

Les ressources de son budget ont toujours été très restreintes. On lui compte, chaque mois, ses maigres revenus, absolument comme on paye les dames de la cour. Le

La rue de Leipzig à Berlin.

roi a ainsi trouvé moyen d'économiser, chaque année, sur les dépenses de sa femme, de quoi faire fondre un nouveau canon. Ceux qui allaient à Bade, au beau temps, rapportent que la reine, qui voulut donner un jour un souvenir à Mme Viardot, lui remit sa propre broche, en ajoutant à demi-voix, d'un ton triste : « Vous voyez que je l'ai portée. »

Le cœur est excellent ; la bourse n'est malheureusement pas en rapport avec la grandeur du cœur ; mais la vieille aristocratie que patronne la reine lui vient en aide. Avec son concours, elle a fondé des orphelinats, des crèches et deux maisons de refuge : une pour les hommes, l'autre pour les femmes.

L'impératrice est d'une simplicité charmante ; elle sort ordinairement à pied, avec une seule dame de compagnie ; et, pendant que son impérial époux passe des revues ou chasse le sanglier, elle visite les établissements de charité, les hôpitaux, les caves et les greniers. Ceux qu'elle soulage ne la connaissent pas et ignorent quelle bonne fée a passé, comme un rayon de soleil, au milieu de leur solitude et de leur misère.

Les idées françaises ont toujours trouvé un accueil sympathique auprès de l'impératrice. Sa bibliothèque se compose presque uniquement d'ouvrages de notre littérature ; elle a un lecteur français, elle n'a pas de lecteur allemand.

Avant la guerre, Berlin possédait une excellente troupe d'acteurs parisiens. La reine les invitait dans ses salons, où ils jouaient devant la cour les proverbes d'Alfred de Musset, les comédies de Scribe et de Gozlan. En 1873, elle offrit un prix de 2,000 thalers pour la meilleure étude en français, en allemand et en anglais sur la chirurgie technique pour le traitement des blessés militaires et sur le meilleur traité de la convention de Genève.

VII

LE MUSÉE

Le *Muséum* ou Musée élève en face du vieux château royal sa colonnade ornée de fresques peintes sous la direction de Cornélius, d'après les dessins de Schinkel.

« La partie gauche, a dit Théophile Gautier, développe tout un poème de cosmogonie mythologique, traitée avec cette philosophie et cette science que les Allemands apportent à ces sortes de compositions. La partie droite, purement anthropologique, représente la naissance, le développement et l'évolution de l'humanité. Si nous décrivions d'une manière détaillée ces deux immenses fresques, vous seriez assurément charmé de l'invention ingénieuse, du savoir profond, de la critique sagace de l'artiste ; si encore nous vous le faisions voir dans ces belles gravures allemandes, aux traits relevés d'ombres légères, d'un burin net et précis comme celui d'Albert Durer et d'une pâleur harmonieuse à l'œil, vous admireriez l'ordonnance de la composition équilibrée avec tant d'art, les groupes reliés heureusement les uns aux autres, les épisodes ingénieux, le choix raisonné des attributs, la signifiance de chaque chose ; vous pourriez même y trouver de la grandeur de style, une tournure magistrale de beaux jets de draperie, des attitudes fières, des types caractérisés, des audaces de muscles à la Michel-Ange, et une certaine sauvagerie germanique de haute saveur. Vous seriez frappé de cette habitude des grandes choses, de cette vaste conception, de cette conduite de l'idée qui manque en général à nos peintres français ; mais devant l'œuvre même l'impression est toute différente. »

Cependant le coloris est désagréable à l'œil. Cornélius était un grand dessinateur, ce n'était pas un grand peintre. Il n'eut jamais de couleur personnelle. Tantôt il empruntait à Paul Véronèse sa palette éclatante, tantôt il prenait le pinceau sévère d'Albert Dürer ou celui du Caravage. Il en est résulté dans sa peinture quelque chose de criard, de discordant comme un morceau de musique où seraient intercalés des morceaux de Mozart, de Wagner, d'Offenbach et d'Auber. Cornélius a abaissé la peinture monumentale au niveau de la peinture de genre ; bon nombre de ses fresques, qui décorent Munich, ressemblent à des caricatures. Les Allemands sont les premiers à reconnaître ces défauts, mais ils les excusent en disant : « Cornélius est un si grand penseur ! »

Il a inauguré en Allemagne la décoration philosophique. Avant lui les peintres s'étaient bornés à représenter simplement, sans prétention, pour le seul plaisir de l'art pour l'art, les dieux et les déesses trônant dans les hauteurs éthérées de l'Olympe, ou se révélant aux hommes dans des métamorphoses variées. L'artiste n'avait pas d'autres préoccupations que celles de l'idéal et de la beauté. Cornélius a fait de la peinture une manifestation humanitaire et philosophique : il a cherché à expliquer Dieu et la création ; il a interprété les mystères ; il s'est servi de son pinceau comme le penseur se sert de sa plume pour écrire des traités et développer des systèmes. A force de profondeur et de science, sa peinture est tombée dans le rébus et le logogriphe.

On arrive à la galerie des tableaux en passant par une rotonde décorée de merveilleuses tapisseries de Raphaël et d'une légion de dieux et de héros de la Grèce, au milieu desquels on voyait jadis le buste de l'empereur Guillaume, couronné de lauriers en papier peint.

La collection de l'ancien Musée comprend les tableaux collectionnés par le Grand Électeur dans ses châteaux de Potsdam, de Berlin et de Charlottenbourg ; ils sont classés d'après le développement historique de l'art. La première section, où sont réunies les écoles italienne, espagnole et française, est composée de cinq cents tableaux ; la seconde section, qui comprend les écoles flamande, hollandaise et allemande, est également composée de cinq cents tableaux ; la troisième section, de trois cents tableaux, réunit les antiquités byzantines, italiennes, hollandaises et allemandes.

M. Viardot porte un jugement d'une scrupuleuse vérité, lorsqu'il dit du musée de peinture de Berlin : « Cette collection n'a pas une seule de ces œuvres supérieures capitales, célèbres dans les fastes de l'art, partout connues et partout enviées, qui jettent sur la collection entière l'éclat de leur renommée universelle. Rien d'excellent, rien de mauvais ; tout s'enferme dans les limites d'une honorable médiocrité. »

Il ne faut pas y venir chercher les vierges suaves de Raphaël, les moines austères de Zurbaran, les anges merveilleux du Corrège, les Vénus du Titien. Çà et là quelques pages des maîtres secondaires, pleines de grâce ; des madones douces et chastes de Jean Bellin, de Roselli, de Filippo Lippi, du Ghirlandajo.

Les maîtres allemands sont clairsemés. Pas un Holbein le Vieux; par contre, trois portraits de Holbein le Jeune, trois perles[1]. Lucas Cranach est représenté par sa *Fontaine de Jouvence,* une ingénieuse et amusante fantaisie : des femmes vieilles et ridées, dont la peau est collée aux os, se font voiturer jusqu'au bord d'une piscine dans laquelle elles se plongent, pour en sortir jeunes et fortes. Elles chantent et dansent, boivent et mangent : ce qui montre que le peintre n'a pas voulu laisser de doute sur leur nationalité.

Un autre tableau fantastique : *le Jugement dernier* de Bosch, est digne d'attirer l'attention. La verve endiablée de Callot et de Teniers n'a rien produit de plus étrange. Tandis que les bons échappent aux monstres vomis par l'enfer, et montent au ciel sans effort, comme emportés par la légèreté de leur conscience, les méchants subissent des supplices épouvantables. Des diables à la tête de crocodile écorchent tout vifs les voleurs; d'autres diables au museau de loup versent du plomb liquide dans la bouche des menteurs; quelques-uns de ces pauvres pécheurs sont jetés sous la meule comme du blé; d'autres sont murés dans des cavernes. Et au milieu de ces scènes de tortures se promènent de gros diables ventrus comme des bourgmestres, et dont le corps, composé d'un œuf d'autruche, se termine par une queue de serpent et des pattes de grenouille.

Une galerie relie l'ancien Musée au nouveau. Le premier étage renferme les antiquités égyptiennes, les antiquités

---

1. Ces tableaux proviennent de la galerie Suermondt, que le Musée acheta en 1874, pour 1,002,750 francs. Le plus beau, un portrait de gentleman anglais, date du premier séjour de Holbein en Angleterre (1527-1528).

germaniques, les collections ethnographiques ; le second, la collection des plâtres ; et le troisième étage, la *Kunst-Kammer*, c'est-à-dire une collection de curiosités de toutes les provenances et de toutes les époques, un bric-à-brac d'amateur et d'antiquaire, les vêtements râpés des anciens électeurs et le gourdin noueux avec lequel le gros Guillaume frappait les femmes qu'il rencontrait inoccupées dans la rue.

La salle des antiquités germaniques est décorée de fresques où sont représentés les dieux du Walhalla : Wuotan, père des dieux et des hommes ; Odin, dieu de la victoire, père de l'armée, coiffé de son casque d'or, accompagné de ses deux loups et entouré de noirs corbeaux chargés de l'informer de tout ce qui se passe dans le monde ; son cheval galope sur ses huit pieds et fait frémir la terre. A côté d'Odin, son fils le plus cher, Baldur, assassiné par son frère aveugle, Hodur, et symbolisant le temps de la lumière croissante de la lune, en opposition avec celui de la lumière décroissante. Baldur est beau comme Apollon. Uller, le dieu de la glace et du patin ; Bragi, le dieu de la poésie ; Loki, le dieu du feu, précèdent les déesses des régions supérieures : Freya, déesse de l'amour ; Gafion, protectrice des jeunes vierges ; Herda, déesse du foyer, et Iduna, déesse de la jeunesse : ceux qui mangeaient les pommes qu'elle cueillait pour les dieux immortels échappaient à la vieillesse et à la mort. Les trois Nornes, correspondant aux trois Parques de la mythologie grecque, se tiennent au pied du frêne universel pour juger les hommes, tandis que les Walkyries ou vierges des batailles, obéissant aux ordres de Wuotan, relèvent les guerriers tombés sur le champ de carnage et les transportent au Walhalla.

La salle des antiquités égyptiennes est également ornée

de peintures murales représentant des paysages ou des monuments : on voit, comme dans un diorama, les pyramides de Chéops, le temple du Zodiaque à Denderah, la statue de Memnon, la grande pyramide de Memphis, le temple de Carnac, l'île de Philé, etc. Un véritable enfantillage de savant a poussé l'architecte de cette salle, construite sur le plan d'un temple assyrien, à couvrir les murs de caractères hiéroglyphiques qui célèbrent les vertus et les exploits du roi actuel.

Mais passons aux fresques de Kaulbach qui décorent le grand escalier, et qui sont l'œuvre capitale du maître. Il a consacré dix-neuf ans à ce travail gigantesque, achevé seulement en 1866. Il faudrait tout un volume pour décrire cette épopée divine et humaine. L'art moderne n'avait pas encore atteint à cette hauteur de conception, à cette exécution aussi brillante que grandiose. C'est l'œuvre d'un titan de la peinture que ces six vastes décorations murales qui résument l'histoire universelle. L'humanité militante défile tout entière sous vos yeux. Voici *la Chute de la Tour de Babel* et *la Dispersion des peuples*; puis *la Jeunesse de la Grèce*; *la Destruction de Jérusalem*; *la Bataille des Huns*; *la Conversion de Wittikind*; *les Croisés devant Jérusalem*, et enfin *le Siècle de la Réforme* dont nous avons vu les cartons à l'Exposition de Paris en 1867.

Kaulbach est le peintre national par excellence, c'est le Tyrtée de la peinture allemande. Son pinceau est un glaive, sa palette un bouclier. L'artiste guerrier peut revendiquer une part légitime dans la défaite de la France. Voilà trente ans que ses compositions furieuses soufflent au cœur des Allemands la haine et le mépris des races latines, et qu'une Némésis blonde, aux yeux de lynx, au cœur altéré de vengeance et de sang, y pousse ses vociférations de mort. Ces peintures du Musée de Berlin sont comme le cri de guerre de la nation germanique ; ce sont les prophéties terribles dont nous n'avons vu que le commencement et que sont chargées d'accomplir les générations futures. La « mission historique de l'Allemagne » est tracée là, sur ces murs funèbres, comme un « Mané, Thécel, Pharès ». La chute de la tour de Babel signifie la chute prochaine de la race latine ; la destruction de Jérusalem est la destruction de Paris, la ville maudite, la capitale du peuple déchu.

Voyez ces serviteurs de Bélial, qui fuient le temple s'effondrant sous les coups d'un dieu vengeur ; ils sont chassés par la Réforme et l'Esprit nouveau ; et ce cavalier pensif, coiffé du casque et armé de la lance, marchant derrière les fils de Japhet, c'est la race germanique, *« destinée à parcourir un jour le monde,* dit le catalogue officiel du Musée, *en lui apportant la culture* (traduisez par « la civilisation ») *et l'idée de la beauté ».*

Dans le sac de Jérusalem, ce n'est pas seulement une ville, c'est une nation entière qui périt sous le glaive flamboyant des anges exterminateurs. Titus entre par une brèche, à la tête de ses légions, suivi de ses licteurs, et précédé de ses trompettes sonnant le jugement dernier du peuple juif.

Ces musiciens aux allures barbares, dont la vue glace d'épouvante, portent le costume allemand ; Titus a les traits d'un empereur germanique, et semble, du haut de son cheval, déjà commander au monde. Dans les cieux supérieurs, au milieu de nuées sanglantes, les prophètes sont assis, tenant les livres dans lesquels ils ont annoncé ces châtiments, mais que les Juifs ont méconnus. Leur regard menace le grand prêtre sacrilège, qui se tue de désespoir au pied de l'autel. A travers les colonnades on distingue les reflets rouges de l'arche qui brûle ; et, debout sur l'escalier du temple, les deux chefs militaires de Jérusalem, immobiles comme les statues de la Lâcheté et de l'Impuissance, regardent d'un œil hébété les scènes d'horreur et de désolation du siège, ces hommes affamés qui se rongent les poings, ces mères échevelées et cadavériques qui étranglent leurs enfants, tandis que les légions triomphantes semblent soulever ironiquement de la pointe de leur lance la pierre de cet immense sépulcre.

C'est ainsi que la « Guerre sainte » continue symboliquement sur les murs du Musée de Berlin, comme dans cette autre fresque de Kaulbach où l'on voit les âmes des Huns s'élever en longues files vers les nues et poursuivre dans le ciel le combat commencé sur la terre.

VIII

CHEZ M. DE BISMARCK

Lorsque je visitai Berlin, M. de Bismarck était modestement logé dans un hôtel très peu monumental de la Wilhelmstrasse. Ni sentinelle ni suisse en fourrure avec la canne à pomme d'argent n'en gardait la porte. On sonnait comme chez un simple mortel.

Un matin, voyant la maison large ouverte, une terrible tentation s'empara de moi : je formai le projet audacieux de m'introduire dans l'antre du lion. Il est vrai que je savais que M. de Bismarck avait dû partir dans la nuit pour Kissingen.

Je pris mon courage à deux mains et je franchis hardiment ce seuil où beaucoup sont entrés en laissant l'espérance.

Au moment où j'allais monter l'escalier que gardent deux sphinx de pierre, symbole de la politique prussienne, il me sembla qu'on me hélait du fond du jardin.

La perspective d'être arrêté comme un voleur ou comme un monsieur qui va déposer la dynamite pour faire une surprise au propriétaire ne me souriait nullement; je me dirigeai vers le jardin.

Ce jardin est plus qu'un jardin, c'est presqu'un parc. Le chancelier s'y promène quelquefois le soir, les mains derrière le dos, mais ce n'est pas pour rêver aux étoiles : car le lendemain il sort ordinairement en uniforme de cuirassier et va prononcer au Reichstag un de ces discours retour du Sinaï.

L'homme que j'aperçus dans le jardin et qui ne m'avait point appelé était le jardinier. Ceux qui exercent cette profession innocente et parfumée sont de mœurs douces et candides; je m'avançai vers lui :

— Voici un pauvre sycomore qui semble avoir aussi soif que vous, lui dis-je en me penchant vers l'arbuste, tout brûlé du soleil, auquel il donnait ses soins.

— Que voulez-vous ! Ces arbres-là, ça ne vient pas ici. Des Allemands, établis en Amérique, l'ont envoyé au prince de Bismarck en 1872, le jour de sa fête. Drôle d'idée et drôle de bouquet ! Aujourd'hui, ces mêmes Allemands lui envoient des huîtres, ce qui vaut mieux. Est-ce assez gentil, je vous le demande, de s'appeler M. de Bismarck ? Il ne se passe pas de semaine sans que le chancelier ne reçoive quelque cadeau. On dit que ça entretient l'amitié... Je le crois bien ! et puis, le prince a une manière à lui... quand il a envie de quelque chose... qu'il ne veut pas payer... Tenez, par exemple, le dernier jour de session du Reichstag, il rencontre les députés de Nordhausen, où l'on fabrique une eau-de-vie qui fait parler les morts... « Messieurs, enchanté de vous voir, leur dit-il avec son gros rire des dimanches... Vous allez bien, et la petite famille aussi ?... Et les affaires ? Les distilleries de Nordhausen soutiennent-elles leur vieille réputation ? J'ai bu autrefois de l'eau-de-vie qui sortait de leurs alambics... Elle avait un bouquet, une limpidité! — Excellence, s'empressèrent de répondre les députés; nous espérons être bientôt à même de vous prouver que nous marchons sur les traces glorieuses de nos ancêtres et que

M. de Bismarck.

l'eau-de-vie de Nordhausen n'est pas aussi dégénérée que le peuple français. » Deux jours après, un charmant petit barillet arrivait ici, avec une lettre d'envoi des principaux distillateurs de Nordhausen, qui suppliaient le chancelier d'accepter cette faible marque de leur admiration et de leur sympathie. Et voilà comment le prince a de l'eau-de-vie qui ne lui coûte guère.

— C'est un grand homme ! m'écriai-je en m'inclinant avec respect.

— Oui, c'est un grand homme ! répéta le jardinier en se découvrant. Et ce qui le grandit encore davantage à mes yeux, c'est qu'il n'est pas fier. Il aime à s'entretenir avec les petites gens. Chaque fois qu'il vient au jardin, il me dit : « Eh bien, Franz, comment va le sycomore? » Il sait que je le soigne comme mon propre enfant et que, si le pauvre arbre dépérit, ce n'est pas ma faute. Tenez, c'est Son Excellence qui a retourné la terre au commencement de cette plate-bande. « Franz, donne-moi ta pelle, » me dit-il un matin. Je lui passe la pelle, et il travaille comme un ouvrier, père de six enfants. L'automne passé, il a fait la même chose dans les environs de Berlin. Il s'approche d'un paysan qui fauche et lui demande sa faux; il ôte son habit, et en dix minutes il a tondu un grand morceau de pré. « On dirait que vous n'avez fait que ça toute votre vie, s'écrie le paysan émerveillé. Quand le cœur vous en dira, ma faux est à votre disposition. » A ce moment un monsieur passa, reconnut le prince, alla à lui, en le saluant par son nom. Le paysan faillit se trouver mal. Il a conservé pieusement, pendant trois mois, la faux tenue par le chancelier; elle a été enfin achetée 300 thalers par un Américain...

En voilà un qui a eu de la chance !... Si le Musée de Berlin voulait des pelles...

— Nous allons faire, si vous le voulez, une affaire ensemble. Je ne demande rien à emporter, je ne demande qu'à voir...

— Quoi?...

— Les appartements du prince, contre bonne récompense.

Il réfléchit une seconde, mais je glissai dans sa main un billet de cinq thalers, et une minute après j'étais dans la place, sans échelles ni cordes, par un simple escalier de service.

Le premier objet qui frappa mes regards en entrant dans l'antichambre fut une caisse de bouteilles à destination de Kissingen.

— Cognac! murmura mon guide en se pourléchant les lèvres comme sous le charme d'un récent et agréable souvenir.

On sait l'histoire qui courut les journaux en 1866. M. de Bismarck faisait ses préparatifs de départ, et le plus jeune de ses fils lui demanda d'un air attristé s'il serait longtemps absent. « Je serai de retour dans une quinzaine, répondit le chancelier. — Oh! papa, repartit l'enfant, je n'en crois rien, tu ne reviendras pas avant un mois, tu as dit à Friedrich d'emballer trente bouteilles de cognac. »

La première pièce, qui sert de salle à manger, est d'une extrême simplicité. On l'appelle la « salle chinoise », à cause de sa tapisserie en soie brochée, représentant des demoiselles des bords du Gange et des oiseaux fabuleux. Pas le moindre ornement, pas même un dressoir en bois de chêne. Le jardinier me dit, en me montrant un petit guéridon : « On met là-dessus chaque matin un petit poulet rôti et une bouteille de bordeaux, pour les visiteurs qui ont faim. C'est ce que madame appelle la table ouverte. »

La pièce attenante est la salle de billard, transformée aujourd'hui en musée des souvenirs. Le billard est recouvert de sa housse verte, et encombré de bibelots de toute sorte, de cadeaux de toute provenance, de diplômes de bourgeoisie d'honneur richement enluminés et encadrés. C'est un fouillis dont le désordre est loin d'être un effet de l'art. On dirait l'arrière-boutique d'un marchand de bric-à-brac. Trois objets valent seuls la peine d'être mentionnés : une réduction en bronze du célèbre monument de Frédéric le Grand ; le diplôme de la bourgeoisie de Hambourg, coulé en bronze, dans un étui qui est lui-même tout un poème ; et enfin une écritoire de 35 francs, en marbre noir, sur laquelle repose un lion mourant. C'est un présent que l'empereur fit au chancelier lors de sa maladie, l'hiver passé. « Il croyait que j'étais comme ce lion, disait M. de Bismarck en montrant cette écritoire, avant son départ pour Kissingen. Dieu merci, je suis revenu à la santé, et Sa Majesté n'en est pas quitte encore des autres petits cadeaux qu'elle me doit. »

La troisième pièce, la plus curieuse, n'a que deux fenêtres, c'est le cabinet de travail du chancelier. Le bureau est fort simple, en acajou, garni de tiroirs. M. de Bismarck s'assied dans un fauteuil rembourré ; son secrétaire, qui se tient en face de lui, n'a qu'une chaise de cuir. Que de diplomates se sont mis devant cette table comme devant un tapis franc, et ont perdu leur enjeu !

Le cabinet de travail de M. de Bismarck n'a pas de bibliothèque. Il possède, par contre, une collection complète de pipes d'écume et de casquettes militaires à large raie rouge. J'ai aussi vu sur la cheminée un caisson de cigares de la Havane, à peine entamé. Entre la porte et le bonheur-du-jour, on remarque un choix de sabres et d'épées à faire envie à un arsenal.

Des gants de peau de daim traînaient sur tous les meubles. Le sofa, qui occupe le fond du cabinet, et sur lequel le chien du chancelier a l'honneur de se coucher, est d'une largeur démesurée. M. de Bismarck a l'habitude de s'y étendre pour lire les journaux après son dîner. A portée de la main, sur un petit guéridon, j'ai vu un journal russe (le chancelier parle très bien cette langue) et une carte de géographie à demi déployée. J'eus l'indiscrétion d'y porter le regard et j'y reconnus la nouvelle carte d'Alsace-Lorraine, dressée par l'état-major allemand. Des croix à l'encre rouge indiquaient la place des nouveaux forts de Neuf-Brisach, de Thionville, de Strasbourg et de Metz. J'ai compté douze croix rouges autour de Strasbourg et six autour de Metz.

La chambre à coucher du prince est contiguë. Elle n'a qu'une fenêtre. Un paravent en soie bleue entoure un lit immense.

Une petite table sert de lavabo. J'y ai remarqué une demi-douzaine de peignes et de brosses, — beaucoup plus que de cheveux sur la tête du chancelier, qui n'en a que trois. Ses biographes les ont comptés.

Nous rentrons dans le cabinet de travail pour passer au salon de Mme de Bismarck. Ce salon est tout simplement un couloir orné de portraits de famille et meublé de canapés et de fauteuils en damas rouge. Les appartements de la princesse et de sa fille, — deux modestes chambres ayant vue sur le jardin, — donnent dans ce salon-couloir.

Dans la chambre de Mme de Bismarck, un coffre-fort tient lieu de la traditionnelle armoire à glace. En montrant le sanctuaire conjugal à des musiciens saxons qui lui avaient donné une aubade et réclamé la faveur de visiter sa maison, le chancelier disait : « Vous le voyez, c'est ma femme qui tient la caisse ; et je conseille à ceux d'entre vous qui sont mariés de laisser la bourse entre les mains de leur femme, c'est un moyen infaillible d'économie et d'épargne. »

La dernière pièce, la plus vaste, sert de salon de réception. L'ameublement est bourgeois, sans caractère, sans distinction. Pas un seul objet d'art, pas un tableau, rien qui parle à l'œil. Les étoffes sont fanées et montrent presque la corde. Plusieurs fois l'empereur Guillaume a envoyé un tapissier à M. de Bismarck, mais celui-ci l'a mis à la porte. L'unique objet qui attire la curiosité, grâce à la lourde plaque de laiton qu'il porte, c'est la célèbre table sur laquelle la paix a été signée à Versailles. On en connaît l'histoire : comme M. D..., propriétaire de la maison où logeait M. de Bismarck, refusait de s'en dessaisir, le rusé chancelier en fit faire une toute pareille, et la substitua à la véritable, le jour de son départ.

En sortant du salon, mon guide me conduisit à droite et ouvrit une porte avec un grand air de majesté : *Der Tanzsaal!* me dit-il (la salle de danse!)

Cette salle de danse, dont les frises sont ornées de glaces, est une ancienne chapelle. Mais le chancelier a mis tant d'évêques en prison, qu'il ne doit avoir aucun scrupule de mettre des danseurs dans une église.

C'est dans cet appartement de la Wilhelmstrasse que le célèbre romancier hongrois Maurice Jokaï vint, peu d'années après la guerre, rendre visite au chancelier.

« Bismarck est une figure athlétique, qui a bien six pieds, avec de larges épaules, de grosses mains, qui, en vous serrant, trahissent des muscles de fer, raconte M. Jokaï. Je n'ai trouvé son visage ressemblant à aucun de ses portraits, où il a l'air morose et bilieux; il me rappelle, sous plus d'un rapport, le visage de François Deak[1]; ce sont

---

[1]. Le plus grand homme d'État de la Hongrie.

les mêmes sourcils épais, couvrant les yeux, la moustache grise, le teint frais ; sur la figure, la cicatrice d'une ancienne blessure, qui vous rappelle le temps où l'homme d'État a été soldat. Un large front chauve. De grands yeux clairs, dont aucune photographie ne rend le regard confiant. En un mot, toute la personne est l'idéal le plus *vicegespan* (sous-préfet) hongrois de l'ancien temps.

« Le prince eut la bonté de m'épargner les salutations que je lui avais préparées, et il me dit en commençant que j'étais un homme jeune, qu'il me croyait plus vieux ; qu'étant encore lieutenant, il avait lu mon premier travail dans la *Gazette d'Augsbourg*, qui « alors encore était une feuille bien faite ». Je lui dis mon âge. « Eh bien, reprit-il, j'ai dix ans de plus que vous, Dieu vous conserve ! » Puis, il me fit asseoir à l'autre extrémité du bureau, prit des cigares dans une cassette de fer et m'en offrit. — Merci, je ne fume jamais. » Lui aussi ne fume pas de cigares et se sert d'une grande pipe en écume de mer.

« Dans l'intervalle, une porte s'ouvrit, et de la pièce voisine entra la princesse avec sa fille, — l'homme de fer a aussi un aimant, — toutes deux en toilette de bal. La princesse est encore une beauté imposante, une physionomie de la vieille noblesse ; la jeune comtesse est une figure radieuse, idéale. Toutes les deux étaient sur le point de partir pour une soirée au château royal et venaient prendre congé du chef de la famille ; Bismarck les congédia avec le baiser patriarcal et chargea sa femme de présenter ses hommages à Leurs Majestés. Nous nous rassîmes, et le prince se mit à parler. »

Il donna à M. Jokaï une consultation politique sur les questions pendantes du moment.

Là-dessus arriva le secrétaire du prince avec un paquet

de documents, et l'écrivain hongrois prit congé. « Je remarquai encore, ajoute M. Jokaï, que Bismarck, pendant la conversation, avait entre ses mains deux longs crayons, si longs qu'ils m'auraient servi de canne ; et quand il dit qu'il ne songeait nullement à annexer les provinces autrichiennes, il fit un signe explicatif en disant : « Nous ne voulons prendre à personne un seul morceau grand comme ce crayon. »

Or, ce crayon, sur la carte, irait facilement jusqu'à Trieste.

Aujourd'hui, M. de Bismarck a transporté ses pénates dans le magnifique hôtel du ministère des affaires étrangères, où il est fort difficile de pénétrer [1].

---

[1]. Ce chapitre et plusieurs passages des trois chapitres précédents sont extraits du *Voyage au pays des milliards*, par Victor Tissot, 1 beau vol. d'environ 400 pages. — Dentu, éditeur.

IX

LES ENVIRONS DE BERLIN

Je viens de passer, en compagnie d'un ami, une quinzaine de jours dans les environs de Berlin. Nous avons exploré le pays en tout sens, au gré de notre fantaisie, souvent sans but, nous livrant aux hasards des voyages à pied. Ces excursions sont charmantes, et c'est vraiment dommage que l'habitude s'en perde depuis la multiplication des chemins de fer et des omnibus américains. Le touriste qui parcourt aujourd'hui une contrée nouvelle la verrait tout aussi bien à travers les verres d'une lanterne magique que des fenêtres de sa voiture à vapeur. On a le plaisir des yeux, on n'a pas celui de l'esprit. Un voyage sans halte au bord du chemin, à l'ombre du sapin ou du chêne, près de la source qui gazouille sous l'herbe, un voyage sans incidents, sans rêveries, sans éclats de rire, sans fraîche averse ou chauds rayons de soleil, sans aurore ou sans crépuscule, donne trop promptement raison au poète qui a dit :

L'ennui naquit un jour de l'uniformité.

Rien de plus varié que les environs de Berlin : c'est à la fois le désert et la terre promise, la stérilité et la fécondité. Au milieu de cette nature revêche et sauvage, il y a des oasis délicieuses : ici, c'est un vallon alpestre, avec son ruisseau aux douces résonances, ses blocs de granit tapissés de mousse, sur lesquels le flot se couche en soupirant, comme sur un oreiller ; là, c'est un petit lac vert pâle, aux grands roseaux mouvants, peuplé de cygnes et de canards sauvages ; plus loin, c'est de nouveau un sol sablonneux et plat, semé de quelques bruyères roussies par le soleil ou coupé de quelques pins solitaires et désolés.

Dans nos pérégrinations à l'ouest, en suivant le cours de la Sprée, nous sommes arrivés un soir sur les bords du Mugelsée. Le Mugelsée est aussi large que le lac de Genève. Il a son bateau à vapeur, ses barques et ses tempêtes. D'un côté, il est encadré de pins, dont le vent vous apporte les pénétrantes senteurs ; de l'autre, c'est un versant de prairies avec des fermes rouges, des maisons blanches posées comme des hérons sur la berge. Le paysage est un peu triste, car la robe du lac est une robe de simple ouvrière, grise, ternie, chiffonnée ; ce n'est pas la traîne de soie azurée des lacs suisses dont le frou-frou attire la curiosité du monde entier. Mais, à le considérer attentivement, on y découvre mille singularités d'aspect ; c'est quelque chose qui ne ressemble pas à ce qu'on a déjà vu et qui n'a pas encore été mis par la peinture moderne sur les boîtes à musique et les couvercles de tabatière.

Nous ne nous lassions pas de suivre ces lignes irrégulières, de regarder ces jeux de couleurs d'un contraste saisissant.

En errant à l'aventure, nous arrivâmes à la porte d'une maisonnette entourée d'un jardinet.

Quelle fut notre surprise d'entendre des sons de voix françaises caresser notre oreille !

Mon compagnon met son chapeau au bout de son bâton et s'avance en criant : *France !*

Une voix forte, sonore, avec une jolie pointe d'accent

Potsdam.

méridional, nous répond : *France !* Et nous voyons un homme d'une quarantaine d'années, au corps replet, à la figure réjouie, accourir au-devant de nous.

— Quelle découverte, Monsieur !... Nous ne sommes donc plus en Prusse ?

— Ici, vous êtes en France... Acceptez l'hospitalité de la patrie.

Nous entrâmes.

Une femme à l'air délicat et frêle se leva, tenant à la main un filet qu'elle réparait.

— Ma femme, Messieurs... Allons, Jeanne, à la cave, et du meilleur !

Elle revint avec une bouteille de vin de Bordeaux.

Nous nous regardions, mon compagnon et moi, avec des yeux étonnés.

— As-tu allumé le feu ? dit l'homme à la femme.

— Oui ; le poisson est prêt.

Se tournant vers nous, il ajouta :

— Vous permettez que j'aille préparer votre dîner ? La qualité tiendra lieu de la quantité. Oh ! Messieurs, vous ne savez pas à qui vous avez affaire...

Nous étions vivement intrigués.

Nous passions une inspection minutieuse des objets qui nous entouraient ; rien ne révélait un métier ou un état spécial : aux murs deux fusils de chasse, des gravures représentant Napoléon sur le champ de bataille d'Iéna et l'entrée de l'armée française à Berlin.

Par la porte entr'ouverte de la cuisine, nous entendîmes bientôt le poisson pétiller dans la poêle, et cinq minutes après, le maître et la maîtresse de la maison franchissaient triomphalement le seuil de la salle à manger, chargés, l'un d'une soupière, l'autre d'un immense plat de radis.

— A la soupe, Messieurs !

C'était une soupe à l'oignon, — un vrai chef-d'œuvre !

Après les radis, la friture ; après la friture, des écrevisses à la bordelaise ; puis une sarcelle tendre comme un poulet.

— Vous êtes le cuisinier du roi ! s'écria mon compagnon en choquant son verre contre celui de notre amphitryon. De quel roi? je n'en sais rien; mais vous êtes un royal cuisinier!

— Pas tout à fait, mais n'importe! Ce que je voulais, c'était de vous faire deviner vous-mêmes mon état; vous l'avez deviné. On doit connaître les hommes à leurs œuvres, comme on connaît les vins à leur bouquet. Je ne suis plus aujourd'hui que mon propre cuisinier et le cuisinier de mes amis; depuis la guerre, n'ayant plus le cœur de vivre à Berlin, j'ai planté là mon ambassadeur, j'ai déserté mes grosses casseroles, et je suis venu vivre tranquille sur ces bords ignorés, en élève de Robinson... Je chasse, je pêche, je lis, je mène la vie la plus insouciante et la plus heureuse qu'on puisse rêver. Quand des amis viennent me visiter, je tiens à leur prouver que l'ex-cuisinier de S. Exc. M. le prince de *** est encore digne de sa réputation, et ce qui me le prouve, c'est que ceux qui se sont assis une fois à cette table y reviennent souvent.

La soirée se passa en conversation; l'existence de cet homme, perdu au milieu d'une population étrangère, échoué comme une épave sur la rive morose d'un petit lac du Brandebourg, nous intéressa si vivement que nous ne nous fîmes pas prier pour accepter l'hospitalité qu'il nous offrait.

Nous restâmes quatre jours avec lui, tantôt chassant, tantôt pêchant, fumant et bavardant beaucoup sous la verte charmille de son jardin. Deux fois, au coucher du soleil, nous détachâmes notre barque et nous descendîmes la Sprée. La rivière, qui n'a pas encore subi le contact de la grande ville, est d'une pureté virginale; sa transparence laisse voir le sable fin qui recouvre son lit; des nénufars flottent à sa surface, et les cygnes glissent au loin, silencieux comme les esprits des eaux. De temps en temps, un bateau à vapeur disparaissait comme un monstre dans la nuit.

La lune montait dans le ciel blafard, semblable à un énorme ballon, et la rivière miroitait comme de l'acier poli. Quelques lumières perçaient l'obscurité ; sur les terrasses, les familles réunies autour d'une lampe prenaient le thé ou jouaient aux cartes ; dans les jardins-brasseries, des marchands, des employés en villégiature contemplaient, à travers la fumée de leur pipe, ce tableau d'une grâce mélancolique et suave.

Le dimanche venu, nous avons suivi l'exemple des riverains et avons été en barque assister au service religieux, à Cœpnick, à l'extrémité du Mugelsée. Autrefois, on chantait des cantiques pendant la traversée, et cette procession sur l'eau n'était pas sans poésie.

La perspective de passer une joyeuse journée semble seule maintenant attirer la jeunesse : Cœpnick, le dimanche, est à peu près comme Asnières : c'est le rendez-vous de la population berlinoise, qui y mange, qui y boit, qui y danse. Il n'est pas de guinguette qui n'ait ses violons ; les dîners s'improvisent sur l'herbe ou sur le sable, à l'ombre des arbres ou des parapluies ; les baigneurs exécutent des plongeons merveilleux, et les théâtres de marionnettes font des recettes fabuleuses. Les plus pauvres cabanes profitent de cette invasion citadine : on lit sur leur porte cet écriteau cher à toute Allemande : « *Ici on peut cuire son café.* » (Hier kann man Kaffe kochen.)

A l'ouest de Berlin, l'aspect du pays est tout autre. On est là dans une nature de convention, au milieu d'un paysage factice, mais agréable et pittoresque quand même. C'est Babelsberg, c'est Sans-Souci, c'est Potsdam, Klienecke, l'île des Paons, Pfingsberg, Charlottenhof, etc. L'histoire entière de la Prusse, personnifiée dans ses princes et dans ses rois, défile sous vos yeux lorsque vous parcourez ces parcs et ces châteaux.

Babelsberg est le palais d'été de l'empereur Guillaume,

Les jardins de Postdam.

le petit Windsor de Berlin. La transformation de cette montagne hérissée de pins a commencé en 1835, sous la direction de l'intendant général des jardins royaux,

M. Lenné. Le château, dans le style anglo-gothique, a été construit d'après les « dessins » de l'architecte Schinkel ; c'est un château qui semble avoir été fait pour illustrer les romans de Walter Scott, avec tourelles, créneaux, mâchicoulis, terrasses.

Ces terrasses sont d'un bel effet : elles rappellent les jardins suspendus de Babylone ; des fleurs y forment d'admirables parterres, et des jets d'eau y entretiennent une fraîcheur sans pareille.

Dans le vestibule sont suspendus des peaux d'ours, des bois de cerfs et d'élans ; l'escalier conduit à un corridor rempli de bibelots ; j'ai remarqué une pendule faite avec des obus et des boulets superposés ; quelles heures sinistres elle doit sonner !

De l'antichambre des appartements de l'impératrice, qui sont au premier, une galerie de pierre sculptée, drapée de lierre et de vigne folle, communique avec le jardin. C'est sur cette galerie que chaque matin, entre six et sept heures, l'empereur Guillaume vient distribuer les restes de son déjeuner aux hôtes de sa basse-cour.

Les appartements de l'impératrice semblent comme le reflet de ses pensées : partout des images religieuses, des portraits de madones et de saints, des vues d'églises, de temples et de monastères. Sur la table, une magnifique copie de *la Martyre* de Delaroche ; et à côté d'un meuble de sacristie italien, un petit orgue. On se croirait chez une princesse catholique : tout respire ici la piété la plus profonde.

Le salon de la Rotonde, qui sert de bibliothèque, est orné du portrait du fils du prince royal, mort pendant que son père combattait à Sadowa. Un couloir orné de tableaux de Rosa Bonheur, de scènes enfantines de M. Ritz, peintre suisse bien connu, conduit à la chambre à coucher de la grande-duchesse de Bade, fille de l'empereur Guillaume; puis, par un escalier en fer, on monte aux appartements de l'empereur : deux pièces seulement, la première destinée au travail, la seconde au repos. Le cabinet d'étude de Sa Majesté ressemble bien plus à celui d'un homme de lettres qu'à celui d'un guerrier : des livres qui n'ont aucun rapport avec l'art de tuer ses semblables traînent, épars, sur les meubles ; beaucoup de paperasses, des albums de photographies ; sur le bureau, deux obus servant de presse-papier, avec cette inscription : *Düppel, Kœnigsgrætz*. Rien ne rappelle les derniers événements. La chambre à coucher est d'une simplicité monacale : un lit en fer tout petit, avec des rideaux d'indienne aux raies bleues; une table et quelques chaises faites par son fils, le prince Fritz.

Des Allemands du Sud qui nous accompagnent dans cette visite s'écrient : *Oh! so einfach Seine Majestæt!* (si simple Sa Majesté!) Et levant la couverture du lit, ils l'inspectent, le tâtent, pour pouvoir dire qu'ils ont touché les draps sur lesquels couche l'empereur!

Nous grimpons dans la tourelle. La vue est très étendue; on domine la plaine jusqu'à Berlin, la plaine avec ses bouquets de pins, ses bandes de sable, ses parcs, ses lacs formés par la Havel, la Sprée, la Nuthe. Le Tiefesée (lac profond) baigne une partie de Potsdam ; le Heiligesée (lac sacré) étend sa nappe glauque au pied du Palais de Marbre; le Jungfrausée (lac de la Vierge) s'avance entre deux collines ombragées, peuplées de villas et de maisons de plaisance.

Vis-à-vis de Babelsberg s'élève le château du prince Frédéric-Charles. Le drapeau qui flotte au vent annonce sa présence. De là au parc et au château de Klienecke, il n'y a qu'une heure. Klienecke était jadis la propriété du chancelier Hardenberg. A l'entrée, deux grands lions de bronze vomissent, du haut de leur piédestal, de l'eau dans un immense bassin de marbre. A droite et à gauche du portail se dressent des griffons dorés. On s'avance à travers une allée d'arbres, et tout à coup, derrière ce paravent de feuillage, on découvre le château entouré d'un riant parterre. Il faut visiter le *Chiostro*, c'est-à-dire le couvent, construit avec des débris de sculptures antiques ; il renferme de précieux ornements d'église.

Du Belvédère, coup d'œil charmant sur le joli lac de Sakrow. On aperçoit aussi le Donjon des Chiens ; des piqueurs, vêtus de rouge, dressent au son du cor la meute impériale. Près du pavillon à thé (*Theehaüschen*) se trouve la belle statue du sculpteur danois Thorwaldsen, *la Jeune Fille à la cruche cassée*, et, sur la Havel, la frégate donnée par le czar Nicolas à l'empereur Guillaume.

Le Petit-Klienecke est relié au Grand-Klienecke par un pont d'environ 500 mètres, qui fut inauguré en 1835 par l'impératrice de Russie. Le Petit-Klienecke est un rendez-vous de chasse ; on y voit des jets d'eau, un pont du Diable fort mignon, des cascades de chambre, des arbres qu'on pourrait serrer dans des boîtes, comme les jouets de Nuremberg.

L'île des Paons, célèbre dans l'histoire du siècle passé, est au nord-est de Klienecke. Autrefois elle s'appelait l'île des Lapins ; au dix-huitième siècle, l'alchimiste de Lœwenstern, inventeur de la « fusion des rubis », y établit son laboratoire pour travailler à fabriquer de l'or, d'après les ordres de Frédéric Ier. Cette île, merveilleusement belle sous sa verte couronne de chênes, — il y en a 800, — a 2,500 mètres de long. Elle était la retraite de prédilection du roi Frédéric-Guillaume III. Ce fut dans cette poétique solitude qu'il passa les premières années de son mariage.

en profusion, de toutes les espèces, de toutes les couleurs, de tous les pays : si ce n'est plus l'île des Paons, c'est l'île des roses.

On raconte que Frédéric-Guillaume donna à la plus belle le nom de sa fille aînée, Charlotte[1]. Un étranger cueillit la fleur. Le roi ne tarda pas à s'apercevoir du larcin et s'en montra très affecté. Son jardinier allait lui livrer le nom du voleur, mais il l'arrêta en lui disant : « Garde ce nom pour toi ; j'ai trop bonne mémoire, et je pourrais faire du mal à cet homme. » Et quand le jardinier répliqua : « Votre Majesté sera exposée à de nouveaux larcins tant que l'île des Paons ne sera pas interdite au public, » le roi lui répondit : « Il serait injuste de priver les innocents d'un plaisir, parce que quelques personnes se montrent peu délicates. »

La simplicité de Frédéric-Guillaume était telle qu'il ne souffrait sur sa table pas d'autre pain que celui que mangeaient ses domestiques.

Nous avons également visité, en allant au Pfingsberg, le village russe. On se croirait transporté des bords de la Havel sur les bords de la Néva. Une quinzaine d'isbas, aux toits pointus, aux galeries sculptées, formant les groupes les plus pittoresques, s'élèvent à l'ombre des chênes majestueux. Frédéric-Guillaume les fit bâtir en 1826 pour les douze chanteurs de son premier régiment de la garde, chanteurs que lui avait envoyés l'empereur Alexandre.

Au milieu du village s'élève l'église grecque avec sa façade byzantine et son dôme doré.

En descendant du Pfingsberg, on passe devant le jardin sicilien, dont les terrasses sont couvertes de vignes, et l'on

---

[1] Plus tard impératrice de Russie.

arrive à une agglomération de constructions assez vulgaires.

C'est Sans-Souci.

Le château proprement dit est dans une situation admirable, ce qui explique pourquoi Frédéric en faisait sa résidence de prédilection. Les fleurs forment des parterres ravissants, les jets d'eau s'élancent et retombent en longs panaches argentés, des statues de marbre semblent s'esquiver, comme de blanches visions, dans les profondeurs mystérieuses des bocages ; et sur le monticule voisin, le moulin légendaire agite ses ailes d'un petit air narquois.

Ici, à Sans-Souci, on trouvait le poète, le philosophe Trissotin-Mithridate, comme l'appelle Macaulay, le roi joueur de flûte et amateur de soupers fins, le vieux garçon qui portait des culottes et des habits rapiécés. Il venait se reposer des travaux de l'administrateur et des fatigues du conquérant. Cependant, sous ces charmilles qui s'étendent à perte de vue et qui forment de sombres retraites de feuillage, l'astucieux monarque devait être à l'aise pour méditer les plans de sa politique avide et ténébreuse. Il y avait en lui la prudence du serpent, alliée à la ruse du renard. Dans ses portraits qui ornent Sans-Souci, ses lèvres minces et hypocrites semblent ricaner encore la célèbre phrase qu'il écrivit à Pœlnitz : « S'il y a quelque chose à gagner à être honnête, nous le serons ; et s'il vaut mieux duper, nous serons fourbes. » C'est, en quatre lignes, le catéchisme de la politique prussienne et l'histoire de cette monarchie.

Le château de Sans-Souci est construit sur le plan d'une serre ; une galerie, en forme de colonnade, relie ses deux ailes. De belles statues décorent la salle à manger, avec ses chaises. Et la table est encore à sa place, comme au temps de Frédéric, mais la nappe a été enlevée, car il y a un siècle que les convives sont absents. On mangeait ici le fameux « rost du roi » ; dans ces petits soupers on ne savait lequel des deux pétillait le plus, le champagne ou l'esprit. Voltaire, gourmet comme un gens-de-lettres, fut obligé de mettre un frein à son amour de la bonne chère : au mois d'août 1750, il écrivait au duc de Richelieu : « Ma santé est à peu près comme elle était à Paris ; et quand j'ai la colique, j'envoie promener tous les rois de l'univers. J'ai renoncé à ces *divins soupers* et je m'en trouve un peu mieux. »

Ces « divins soupers » étaient bien différents de ceux de la reine mère, dont Thiébault nous a laissé le maigre menu : « Je me souviens qu'un soir, écrivait-il, Mme la maréchale de Schmettau, déjà attaquée de la longue maladie dont elle est morte, n'eut pour sa part, de tout le souper de la reine, qu'une cerise confite, bien que Sa Majesté eût recommandé qu'on eût grand soin d'elle. »

Frédéric, qui donnait à ses singes les noms de ses ministres, s'entourait, dans ces réunions intimes, des beaux esprits de l'époque : Pœlnitz, Chassot, d'Argens, Algarotti, Maupertuis, La Mettrie, lord Tyrconnel ; véritable galerie d'originaux qui avaient importé en Prusse les mœurs et le beau langage de France.

On sait, dit Chamfort, quelle familiarité il permettait à quelques-uns de ceux qui vivaient avec lui. Le général Quintus Scilius était celui qui en usait le plus librement. Le roi de Prusse, avant la bataille de Rosbach, lui dit que s'il perdait, il se rendrait à Venise, où il vivrait en exerçant la médecine. Quintus lui répondit.

— Toujours assassin !

Une autre fois, à la fin d'un souper, Frédéric ayant adressé cette question aux beaux esprits qu'il traitait :

— Que feriez-vous, si vous étiez roi de Prusse ?

Le moulin Sans-Souci.

Le marquis d'Argens lui répliqua :

— Ma foi, sire, je vendrais le royaume pour en venir manger les rentes à Paris.

La bibliothèque, en forme de rotonde, ne renferme que des livres français. On montre au public un manuscrit de Frédéric avec des annotations de Voltaire. Quelquefois ces corrections tournent à l'épigramme. Sur la marge d'une pièce de vers dans laquelle le mot *plat* est plusieurs fois répété, l'auteur de *Zaïre* a écrit : « Voilà plus de plats que dans un très bon souper. » Mais la critique est immédiatement effacée par l'éloge. Dix pages plus loin, on lit : « Admirable ! rien de mieux ! »

Sur un pupitre de la bibliothèque on voit un in-folio qui a pour titre : *l'Art de la guerre*. Frédéric l'avait étudié à fond, cet art qui devait être encore si gravement perfectionné par ses successeurs.

Pendant son règne, les enrôleurs se livraient à des vols d'hommes même en temps de paix. Il n'y avait pas de réclamation possible contre l'arbitraire militaire.

Quand un jeune homme avait été enlevé, c'était pour la vie. On aurait pu graver au-dessus des casernes prussiennes le *Lasciate ogni speranza*. Un jour, sur l'invitation de Frédéric, le célèbre mathématicien Euler étant venu à Berlin avec son neveu, celui-ci fut enlevé par les recruteurs ; Euler s'en plaignit au roi qui lui répondit :

« La taille de votre neveu indique un tempérament flegmatique, peu propre à l'activité d'un négociant. Je crois que la nature l'a destiné au métier des armes, il faut le laisser au régiment. »

Lorsque le prince électeur de Cologne traversa Hamm, le général Wolfersdorf attaqua sa suite et enleva les gens qui semblaient capables de faire de bons soldats.

Les règlements militaires étaient d'une dureté excessive.

Celui qui se mutilait passait vingt-quatre fois par les verges et était condamné aux travaux forcés. Dans les règlements pour l'infanterie prussienne (1750), on lit cet article :

« Afin qu'aucun drôle (sic) ne devienne malade ou ne crève (sic) avant le temps, il est défendu de s'enivrer outre mesure, particulièrement avec de l'eau-de-vie. »

On connaît l'exclamation du roi, lorsque ses soldats reculèrent sous le feu terrible de l'ennemi, à Kollin : « Pendards ! vous voulez vivre éternellement ! »

Le jugement de l'Anglais Moore n'était que trop justifié : « La situation ordinaire des esclaves en Afrique est encore un état de liberté en comparaison de l'esclavage militaire qui règne en Prusse. »

Thiébault rapporte que le roi demanda, pendant une revue, au vieux Dessauer : « Quelle est la chose qui vous paraît la plus miraculeuse ? »

Comme Dessauer lui répondit en termes vagues, Frédéric lui dit en montrant ses soldats :

« La chose la plus miraculeuse, c'est que nous soyons en sûreté au milieu de tous ces gens-là. Chacun d'eux est notre plus implacable ennemi, et cependant *la discipline les retient.* »

L'armée prussienne était alors composée d'environ 150,000 hommes, et coûtait annuellement au roi vingt millions de florins. « Ces soldats sont bien disciplinés et agissent avec autant de précision que des machines mouvantes, » écrivait Riesbeck. Et il ajoutait :

« Il faut avouer que le sort des simples soldats fera frémir nos philosophes modernes ; cependant, sans cette rigueur, l'armée ne serait pas ce qu'elle est... On peut lire sur leurs visages décharnés les signes de l'extrême pauvreté, jointe à l'excès du travail... Les caporaux leur enseignent l'exercice et la marche, avec beaucoup de pré-

Charlottenbourg.

cision et d'attention ; et ils répètent même les leçons plus de mille fois, lorsque le sujet a la tête dure ; mais, lorsqu'ils s'aperçoivent qu'il comprend, ils prennent alors le bâton et lui disent qu'à l'avenir ce bâton sera son maître d'exercices, s'il ne fait pas ce qu'il est capable de faire. »

Peu après l'invasion de la Silésie, quand Frédéric se fut assuré de la solidité de son instrument militaire, il écrivit : « *Ma création, la nation prussienne,* a les meilleures chances. Je me sens assez fort pour entrer en *possession de l'héritage des Habsbourg.* »

La chambre à coucher, meublée en satin céladon, est restée telle qu'elle était le jour de la mort de Frédéric. Le roi couchait sur un simple lit de camp dissimulé derrière un paravent ; il dormait au milieu de ses levrettes. Le fauteuil dans lequel il a expiré est maculé de sang, et la petite pendule de bronze marque encore l'heure de sa mort : deux heures vingt minutes.

La chambre de Voltaire est au fond, sur la terrasse. « C'est ici, disait-il, que je raccommode la prose et les vers du maître de la maison. »

Cette chambre ne tarda pas à se transformer en cage. Le roi philosophe et malicieux donna pour compagnon au poète des singes, des perroquets, des paons ; tous ces animaux allégoriques grimpent dans la tapisserie, le long des murs, et les singes et les perroquets ressemblent à Voltaire.

Les premiers exemplaires de la diatribe du *docteur Akakia* furent jetés au feu, dans la cheminée de cette chambre ; le libelle de Voltaire ressuscita cependant de ses cendres. Frédéric en fut indigné ; il le fit brûler par la main du bourreau. « Comme je n'ai pas dans ce monde-ci cinquante mille moustaches à mon service, je ne prétends point du tout faire la guerre, écrivait Voltaire à M™ᵉ Denis. Je ne songe qu'à déserter honnêtement, à prendre soin de ma santé, à vous revoir, à oublier ce rêve de trois années. Je vois bien qu'on a *pressé l'orange*; il faut penser à sauver l'écorce. Je vais me faire, pour mon instruction, un petit dictionnaire à l'usage des rois : *mon ami* signifie *mon esclave*, etc. »

De son côté, Frédéric écrivait le 12 septembre 1749 à Algarotti : « Voltaire vient de faire un tour qui est indigne. Il mériterait d'être fleurdelisé au Parnasse. C'est bien dommage qu'une âme aussi lâche soit unie à un si beau génie, il a les gentillesses et les malices d'un singe. Je vous conterai ce que c'est quand je vous reverrai; cependant je ne ferai semblant de rien, car j'en ai besoin pour l'étude de l'élocution française. On apprend de bonnes choses d'un scélérat. Je veux savoir son français; que m'importe sa morale? »

Si Frédéric méprisait Voltaire, celui-ci le lui rendait bien. « Je ne puis, disait-il dans une de ses lettres, estimer ni aimer un homme sans principes, qui foule aux pieds tout droit des gens, qui ne croit plus à la vertu, mais la regarde comme une leurre avec lequel on amuse les sots. »

On sait la passion de Frédéric pour les chiens. A Sans-Souci, ces animaux détruisaient les parterres, déchiraient les tapis, salissaient les meubles : « Ils me ruinent, disait le roi, mais après tout ma meute ne me coûte pas autant qu'une Pompadour! »

Goethe, qui visita Berlin avec le duc de Weimar, écrivait à Merk : « J'ai été introduit auprès du vieux Fritz, j'ai vu sa manière de gouverner, j'ai vu son or, ses marbres, ses singes, ses perroquets et ses rideaux déchirés; et j'ai entendu toute la canaille de Berlin raisonner sur le grand homme. »

Napoléon Ier devant le tombeau de Frédéric, à Potsdam.

En parcourant la terrasse, on remarque, à droite, les tombeaux de ses chiens et de son cheval Condé. Il leur avait composé des épitaphes que la pluie a effacées, et il avait ordonné dans son testament qu'on l'enterrât auprès de ses « favoris ».

— Quand je serai là, je serai sans souci, avait-il dit un jour à d'Argens, en lui montrant le caveau qu'il s'était fait creuser.

Mais on ne tint pas compte de ce vœu : son corps fut solennellement enseveli dans l'église de la Garnison, à Potsdam. « De même, a dit un écrivain, que nous avons suspendu au dôme de nos Invalides les drapeaux conquis sur les armées de l'Europe, on a suspendu, dans le même intérêt de patriotisme, les drapeaux français aux Invalides de Potsdam : ce sont les trophées de nos désastreuses campagnes de 1813 et 1814. On ferait sagement de ne jamais rien suspendre. Les trophées sont de permanentes excitations à la guerre : celui qui en a moins appelle secrètement le jour où il en aura autant que l'autre, et cet antagonisme peut avoir des trêves, mais menace de n'avoir jamais de fin. »

La nuit du 3 au 4 novembre 1805, deux hommes étaient secrètement réunis dans cette église, devant le tombeau de Frédéric le Grand.

L'un de ces hommes était Frédéric-Guillaume III, roi de Prusse ; et l'autre était Alexandre, l'empereur de Russie.

Le roi de Prusse se jeta dans les bras du czar, et le supplia en pleurant de lui jurer, sur les cendres de Frédéric II, une amitié éternelle ; leur cause et leurs destinées devaient désormais se confondre.

Alexandre ne fut pas longtemps fidèle à sa parole. « Tilsitt allait montrer, dit M. Thiers, la solidité d'un tel serment, probablement sincère au moment où il fut prêté. »

L'avant-veille de son entrée triomphale à Berlin, Napoléon se fit conduire dans l'église de la Garnison et y prit, dit-on, l'épée de Frédéric II, qui n'a jamais été retrouvée.

X

HAMBOURG

De Berlin aux environs de Hambourg, c'est encore la plaine stérile, la grande sablonnière, comme de Dresde à Berlin. Le voyageur avisé prend le train de nuit : la mélancolique clarté des étoiles convient mieux que les fêtes du soleil à l'austère tristesse du paysage. Cette terre recouverte de sable est un cadavre, et ces pins noirs et rabougris, qu'on aperçoit de distance en distance, ressemblent à des êtres chétifs agenouillés sur un tombeau.

A Spandau, j'ai mis la tête à la portière, attiré par les sons d'une musique de cuivre : des soldats dansaient dans un jardin-brasserie tout illuminé de lanternes vénitiennes.

Spandau est non seulement une forteresse, un pénitencier, une fonderie de canons (on y fond 20 pièces par jour)[1], mais c'est encore la « prison », comme disent les Allemands, du trésor impérial de guerre.

---

[1]. Les ateliers militaires de Spandau occupent en ce moment 4,690 ou-

Le train s'arrête presqu'en face de la citadelle ; construite au milieu d'une île, elle surgit de la rivière avec ses hautes murailles sombres et ses ponts-levis fantastiques.

Du côté du sud-ouest, au-dessus des murs de revêtement du bastion du Roi, s'élève une tour en briques, fort bien conservée, et qui rappelle les plus anciennes constructions de la marche de Brandebourg. On lui a donné le nom de *Juliusthurm,* tour de Jules ; la tradition rapporte que Jules César en fut le constructeur. Au moyen âge, elle protégea la ville contre les incursions des chevaliers pillards, — les uhlans de l'époque.

Quand l'aigle des Hohenzollern prit son vol vers le nord, il choisit pour son aire la tour de Jules, qui depuis n'a pas changé de destination : l'or qu'elle renferme aujourd'hui est encore une proie.

Le prince électeur Joachim érigea la citadelle ; mais, dès que les murs furent achevés, il s'aperçut que, du haut de la tour Saint-Nicolas, on voyait tout ce qui s'y passait. Comme la ville n'était pas fortifiée, et que l'ennemi pouvait s'emparer de l'église, il résolut de s'assurer sur-le-champ si son artillerie était capable de le déloger. Il fit braquer ses plus lourdes pièces et commença un effroyable bombardement. Les boulets enfonçaient les toits des maisons, et les bourgeois épouvantés vinrent en toute hâte supplier le bon électeur d'épargner le reste de la ville.

Dans la tour de Jules, la garnison française qui occupait Spandau en 1813 se défendit avec succès contre le

---

vriers, dont 1,800 travaillent dans les ateliers d'artillerie, 1,100 dans la fabrique d'armes, 610 dans le laboratoire des artifices, 600 dans la fonderie de canons, 210 dans la fabrique de munitions, 200 dans le dépôt d'artillerie, 160 dans la fabrique de poudre et 10 dans l'usine à gaz.

corps prussien qui l'assiégeait. Le bombardement de la citadelle commença le 17 avril après midi ; le feu se déclara sur plusieurs points. Le 18, une explosion formidable ébranla toute la ville ; le drapeau tricolore qui flottait sur la tour de Jules était en feu : la poudrière avait sauté.

La tour fut réduite en cendres. Ce ne fut qu'en 1842 qu'on essaya de relever ce monument historique. Les voûtes de ses salles sont maintenant à l'abri de l'incendie et les portes sont toutes en fer. Les murs ont neuf pieds d'épaisseur. Les quarante millions de thalers qui composent le trésor de guerre y sont bien à l'abri.

Avant qu'on les transportât ici, ces quarante millions, prélevés sur les cinq milliards, étaient gardés dans les caveaux du château de Berlin.

Le mot attribué au prince Eugène de Savoie : « Pour faire la guerre, il faut de l'argent, encore de l'argent et toujours de l'argent, » n'a jamais été plus vrai que de nos jours. M. de Bismarck et M. de Moltke en reconnaissent toute la profondeur. Ces deux hommes, dont toute la science a été de savoir prévoir, ont bien pris leurs précautions.

L'armée allemande en campagne coûte un million et demi par jour ; il faut plus de trente millions pour la première organisation, l'achat des chevaux, du matériel de transport, etc. La Prusse, afin d'avoir en tout temps cet argent sous la main, a fondé le « trésor de la guerre ».

De nos jours, la guerre est moins une question de tactique savante et de bravoure qu'une question de temps. Arriver le premier, avec des forces supérieures, prendre l'offensive, culbuter l'ennemi encore occupé de ses préparatifs, débuter par une victoire, tel est le plan de tout général d'armée habile. Tel a été celui de M. de Moltke en 1866 et 1870. On sait comment il a réussi : après Sadowa, l'Autriche fut incapable de continuer la lutte ; après Wœrth, ce fut la panique, la déroute.

Pour arriver rapidement à cette mobilisation générale, la première condition est d'avoir de l'argent. On ne peu mettre, en quelques jours, un million d'hommes en campagne qu'en s'appuyant sur des coffres-forts bien garnis.

En 1870, le trésor royal servit à hâter les préparatifs des États du Sud ; sans les ressources de ce trésor, la mobilisation des troupes allemandes n'eût été ni si prompte ni si complète.

L'or entassé au fond de la tour de Jules n'est pas un capital absolument mort pour le commerce et l'industrie ; il doit empêcher, au début de la prochaine guerre, la dépréciation du papier. En 1870, la Prusse perdit jusqu'à 12 p. 100 sur le change, et son premier emprunt ne réussit pas.

En créant une réserve métallique suffisante pour conduire leurs premières opérations, M. de Bismarck et M. de Moltke ont encore eu une autre pensée : ils veulent pouvoir, au besoin, mobiliser l'armée et la mettre en campagne, en se passant de l'approbation d'un Parlement qui refuserait de voter les ressources financières nécessaires.

« Dans un avenir peu éloigné, dit un écrivain militaire prussien, nous n'aurons qu'*une semaine d'avance* sur les Français pour la mobilisation de nos troupes, et s'il fallait passer encore par les discussions financières du Reichstag, nous perdrions *une partie de nos chances*. »

Mais le train file, et la tour de Jules disparaît à nos yeux comme un château magique des contes d'Hoffmann.

La locomotive, lancée à grande vitesse, va d'un train d'enfer : il n'y a pas d'accidents à redouter, le pays est plat comme la main. Minuit sonne au moment où nous arrivons à Ludwigslust, résidence d'automne du grand-duc de Mecklembourg. Près de là, Théodore Kœrner, le poète de la guerre de 1813, repose à l'ombre d'un chêne.

La tour de Jules.

L'heure de la rêverie est passée ; les cigares s'éteignent, les stores s'abaissent, chacun s'enveloppe dans sa couverture et se recueille pour ne pas effaroucher le sommeil. A Brahlsdorf, nous nous réveillons. L'aube frissonnante et pâle dissipe les dernières ténèbres ; des paysages alpestres, des prairies étincelantes de rosée, une nature jeune, gracieuse, sourit à nos regards enchantés. Nous apercevons de magnifiques châteaux, et dans de belles forêts nuancées à l'infini, que nous longeons par intervalles, retentissent tous les vagues bruits de l'aurore. La contrée est giboyeuse et fertile ; nous nous rapprochons de l'Elbe, qui répand la fécondité et l'abondance dans les pays qu'il arrose. Dans une heure, nous serons à Hambourg.

C'est une vaillante et brave population que cette population du Mecklembourg.

Sobres, actifs, les Mecklembourgeois jouissent d'une honnête aisance. Ils ont commencé par être fermiers ; aujourd'hui les voilà propriétaires, et, s'ils regrettent quelque chose, c'est leur indépendance, du temps où leur duché était gouverné par un prince qui n'avait que quatre soldats et un caporal.

Nous arrivons à Hambourg assez tôt pour surprendre l'ancienne ville libre dans son négligé du matin : des servantes d'une jolie tournure, avec une crête de dentelle sur la tête, en jupon court et en petits sabots, enlèvent les volets des magasins, qui montrent dans leur devanture des entassements de cigares, de longues rangées de bouteilles, des guirlandes de saucisses et de jambons ; les laitiers arrivent avec leurs seaux de fer, peints en rouge, et suspendus à une espèce de bât placé sur leurs épaules ; des ouvriers, groupés devant la porte des fabriques, attendent qu'on leur ouvre ; les armateurs, prévenus de l'arrivée d'un de leurs navires, se dirigent à pas accélérés vers le port ; les omnibus ne roulent pas encore, mais les lourds camions commencent déjà à circuler.

« La réputation de Hambourg, comme ville d'affaires et ville de plaisirs, n'est plus à établir, écrivait Frédéric Kohn, qui connaît son Hambourg sur le bout de sa fourchette. L'immense richesse des seigneurs marchands de la cité hanséatique est proverbiale. Dans toute l'Allemagne du

Nord, le bon bourgeois, père d'une demi-douzaine d'enfants, ne peut se défendre d'un sourire quand, se reportant aux souvenirs de jeunesse entre deux bâillements, il se rappelle les séductions de l'avenue de Saint-Paulin où le jour commence à dix heures du soir et finit à l'aurore, où onze théâtres sollicitent la curiosité du passant.

« La cuisine hambourgeoise est, de la part des Allemands du Nord, l'objet d'un culte particulier, et elle mérite pleinement cet honneur ; pour peu que l'on aime à faire un dieu de son ventre, on comprendra que les Berlinois ou les Saxons viennent à Hambourg en pèlerinage gastronomique, uniquement pour se garnir la panse et boire du champagne, du vin de Bordeaux et du vin du Rhin, qui, jusqu'à présent, n'était pas frelaté. Hambourg est resté port franc. Les vins y sont transportés par eau et comme lest, c'est-à-dire pour rien. De là la possibilité de vendre des vins de France bien meilleur marché qu'à Paris, où les impôts sont si élevés et où les grandes compagnies fixent souverainement le prix des transports. Il y a quatre ans, immédiatement après la guerre, on payait 80 centimes une bouteille de vieux bordeaux qui, à Paris, aurait coûté plus du double. Aujourd'hui, les prix ont haussé de 50 ou même de 100 p. 100 ; pourtant il n'y a pas d'octroi, et moyennant une somme fixe qu'elle paye à la Prusse, la ville libre est exonérée des impôts de tête, de consommation et autres. »

Et Henri Heine s'écriait il y a vingt ans : « Oui, Hambourg est la meilleure des républiques ; les mœurs y sont anglaises, mais la cuisine y est délicieuse. Il y a entre le *Wandrahm* et le *Dreckwall* des plats dont nos philosophes ne se doutent pas. »

Après avoir fait un copieux déjeuner, qui me confirma dans les opinions que je viens de citer, j'ai été me promener au hasard, en vrai badaud, comme un membre du Reichstag en vacances.

Je connais peu de villes qui aient une physionomie aussi originale et aussi pittoresque que Hambourg. C'est un mélange de maisons neuves et de vieilles maisons gothiques, de façades ornées de statues et de pignons dentelés; c'est un fouillis, un enchevêtrement de rues et de ruelles, coupées de canaux, reliées par des ponts de bois ou de fer. Cela ressemble à une Venise manquée, mais à une Venise qui, à défaut d'édifices et de monuments, est pleine d'activité et de bruit. Tout palpite et s'agite, tout remue et bourdonne dans ces rues et sur ces canaux qui se croisent, s'entre-croisent sans ordre, sans symétrie, qui courent selon leur caprice, avec une entière indépendance, et qui sont comme l'expression des libertés que possédait autrefois la ville.

En descendant devant moi, je suis arrivé sur la place du Marché. A cette heure matinale, le coup d'œil était fort curieux. Autour de la halle se tiennent les marchandes de légumes, les Vierlandaises (*Vierlanderin*) avec leur coiffure aux grandes ailes noires, leur corsage brodé d'or et d'argent, leur robe courte qui descend à peine jusqu'aux genoux et brille de toutes les couleurs de l'arc-en-ciel, leurs bas de laine tricolores. Le costume de fête d'une Vierlandaise est un meuble de famille; il ne coûte pas moins de deux cents thalers, et de la mère il passe à la fille.

Peu de cités sont aussi bien approvisionnées que Hambourg. La mer du Nord y envoie ses huîtres et ses homards; l'Elbe, ses anguilles et ses saumons; le Holstein, ses bœufs; le Lauenbourg, son gibier; la Westphalie, ses jambons. Le commerce maritime fournit de première main le caviar, les tortues, les fruits les plus exquis de

France et d'Italie, et les navires, retour des Indes, y apportent même des nids d'hirondelles, de fabrication chinoise authentique.

Au pied du pont, que l'on traverse en quittant la place du Marché, est amarrée une flottille de barques arrivées dès l'aube, avec la marée montante, et chargées de provisions de toutes sortes. Bien que dix-huit milles séparent Hambourg de la mer, la marée se fait sentir jusqu'à deux milles en amont du port ; quand la marée est trop forte, elle envahit la ville basse et oblige les habitants des rez-de-chaussée à se réfugier aux étages supérieurs. Des coups de canon annoncent en ces occasions que le moment de fuir est venu, et l'on voit une quantité de petits canots accourir pour sauver les mobiliers en danger.

J'ai erré dans un dédale de rues sombres et étroites, encombrées de camions, de caisses, de tonneaux ; la vie commerciale est concentrée dans ces vieux quartiers ; les maisons qui bordent le canal reçoivent, par leur porte sur l'eau, les cargaisons qui leur arrivent de toutes les parties du monde. Je ne connais le nom d'aucune de ces rues, mais je m'y retrouverais en me laissant guider par l'odorat ; il y a telle rue qui sent la vanille, telle autre la cannelle, le gingembre, les épices fines. Il semble que l'on passe successivement dans l'atmosphère des diverses zones terrestres.

L'odeur du goudron vous avertit du voisinage du port.

Le port de Hambourg est encore d'une simplicité primitive. A mesure que les navires arrivent, ils s'échelonnent le long des bords du fleuve et forment comme une longue rue. On dirait une ville flottante. On voit des navires de toutes formes, de toutes nationalités ; le vent agite dans les mâtures les pavillons d'Angleterre, de France, de Hollande ; à côté du croissant turc brillent les étoiles des États-Unis ; et, au-dessous de l'aigle russe, le dragon chinois ouvre, comme pour se défendre, une gueule enflammée.

De grandes barques aux voiles rouges font le service d'estafettes, de commissionnaires et de portefaix. Elles vont et viennent, elles passent et se croisent avec une hâte réglée ; elles prennent des ordres, apportent des nouvelles ou des provisions à ceux qui restent à bord.

Une promenade à travers le port, dans un de ces bateaux plats que les bateliers de Hambourg manœuvrent avec l'habileté des gondoliers de Venise, et qu'ils appellent des yoles, n'est pas sans charmes ; mais je préfère flâner librement le long des quais où la variété des costumes ne le cède qu'à la diversité des enseignes.

Voici des matelots chinois, aux yeux écarquillés, dont la queue est ramassée sous leur petit chapeau ; voici des Espagnols qui fument la cigarette, et qui crient et gesticulent comme des gens qui se querellent.

Des marchands ambulants viennent offrir aux étrangers des coquillages, des branches de corail, des noix de coco, des éventails chinois, et aux marins des miroirs, des brosses, des porte-cigares et des tabatières. Quand on s'arrête près de la charmille d'un restaurant, un perroquet vous lance une apostrophe malsonnante, ou un singe essaye de s'emparer de votre couvre-chef.

On est en plein caravansérail, au rendez-vous des nations. Étrange musique que celle de tous ces idiomes qui bourdonnent autour de vous comme une migration d'insectes ! Partout les tables empiètent sur la rue. Là c'est l'*Acienda de Barbaro*; ici, sur une fenêtre, on voit ces mots peints en jaune : *Beefsteak-Punch-Gin*. Plus loin c'est une cave, surmontée d'une énorme grappe dorée, avec un Bacchus à cheval qui semble vider une coupe à la santé des passants. Puis ce sont des boutiques de vulgaire mercerie, peignes, bretelles, miroirs à vingt sous la grosse, sirops, savon; des fabriques de liqueurs et de conserves, et des magasins d'ancres, de cordages, d'armes et d'habillements. Le soir, quand le soleil est couché et que le fleuve s'endort, ces tabagies, ces tavernes, ces caves, ces *aciendas* et ces *caffeehouse* se remplissent de bruit, de musique et de chansons.

Hambourg vaut mieux que sa réputation. Dans l'Allemagne du Sud, on croit qu'on y enlève encore les enfants, parce que, au commencement du siècle, il est arrivé qu'on en a enfermé quelques-uns dans des tonneaux pour les transporter en Amérique et les vendre comme esclaves.

Du reste, sous ses dehors de bonhomie, la police de Hambourg est d'une vigilance extrême. Personne ne s'embarque sans être en règle avec elle.

Le port de Hambourg peut contenir quatre à cinq cents navires; il est divisé en trois parties; les docks se trouvent du côté de la gare, et les chantiers en face de Saint-Pauli, sur la rade de Steinwærder. Un petit vapeur qui fait le service entre les deux rives m'y a conduit. Trois vaisseaux sont en construction.

Le lancement d'un navire est l'occasion d'une joyeuse fête. L'armateur, avec sa famille et ses invités, monte sur le pont, où un luxueux déjeuner est servi. La musique joue, et l'on fait largesse aux matelots et aux mariniers. L'armateur s'avance à la poupe et prononce un *speech* de circonstance; puis la plus jolie jeune fille, — souvent la fille de l'armateur lui-même, — baptise le navire en arrosant le pont d'une bouteille de vin du Rhin. Le canon tonne, on lève les écluses du bassin, l'eau s'y précipite en bouillonnant, les derniers étais tombent, on coupe le câble, et le vaisseau glisse dans sa rainure, et, au milieu des hourras de la foule, va majestueusement prendre possession de la mer. L'armateur retourne chez lui, avec ses invités, dans une chaloupe pavoisée, et l'on soupe et l'on danse jusqu'au matin.

Hambourg a d'autres fêtes encore; la plus touchante est la fête des Orphelins. Elle a lieu chaque printemps, au mois de mai. Les petits orphelins parcourent la ville avec des couronnes de fleurs nouvelles et en agitant des rameaux verts. Les bourgeois les attendent au passage, sur le seuil de leur maison, pour leur faire des cadeaux en argent ou en vêtements, et pour leur offrir des gâteaux et des rafraîchissements. La garde bourgeoise, les hanséates, dont les schakos en forme de pyramide sont enguirlandés de verdure, accompagnent le cortège. Les enfants les plus beaux et les plus sages marchent en tête et recueillent dans des bourses fixées à de longues perches les offrandes pour l'Orphelinat. Il arrive souvent que des orphelins attirent l'attention d'époux sans enfants, qui les adoptent, les élèvent, les instruisent et les établissent. La fête se termine par des jeux en plein air.

De toutes les villes de l'Allemagne du Nord, je n'en connais aucune où le voyageur séjourne plus volontiers qu'à Hambourg. Il y trouve un accueil vraiment sympathique et un intérêt qui se renouvelle sans cesse.

Hambourg est un joyeux chantier où l'ouvrier a bien plus souvent la chanson que le verre aux lèvres. Tout y est plein d'entrain, tout semble y déborder de sève.

A Berlin, on reste étranger; à Hambourg, on se sent chez soi, deux heures après qu'on a débarqué. Soyez Français, Anglais ou Italien, vous êtes sûr de retrouver au café ou dans la rue la langue de votre pays. Dans les tavernes, on sert le porter et le rosbeef saignant; dans les *aciendas,* un chocolat exquis, et dans les deux pavillons du bassin de l'Alster, un moka à ressusciter Balzac.

De six heures du matin à huit heures du soir, la ville bourdonne comme une ruche, et le port présente une animation qui semble tenir de la fantasmagorie. Les gros camions vont et viennent, les navires arrivent et partent, des centaines de chaloupes, de barques, de bateaux, de remorqueurs, battent le flot de leurs rames et de leurs roues, ou ouvrent au vent une aile blanche ou rouge. C'est une activité si prodigieuse et en même temps si régulière, qu'on dirait que tous ces armateurs, ces commerçants, ces courtiers, ces banquiers, sont mus par une machine à vapeur.

Pour saisir dans son ensemble ce merveilleux tableau, je ne connais pas d'endroit plus propice que le Weizl's Hotel, dans le faubourg Saint-Pauli.

Figurez-vous un élégant pavillon sur un monticule vert, avec une terrasse ombragée où l'on déjeune et où l'on dîne en ayant le spectacle grandiose d'un des ports de mer les plus importants et les plus animés du globe. C'est un va-et-vient continuel de navires de toute forme et de toute taille, avec des matelots de tout costume et de toute langue : l'Elbe ressemble ici à un bras de mer. Des centaines de chaloupes aux larges voiles goudronnées, d'un rouge sombre, passent, rapides comme une locomotive, entre les vaisseaux qui arrivent et ceux qui partent. A l'horizon, trois ou quatre points noirs indiquent des paquebots; ils approchent, remorqués par des vapeurs, et leurs vergues, leurs antennes, leurs cordages se dessinent sur le ciel comme d'immenses toiles d'araignée. Sur la rive opposée, on voit des chantiers, des docks et plus loin de larges plaines verdoyantes, égayées par quelques clochers pointus qui surgissent d'un groupe de maisons blanches, comme les mâts d'une flotte à l'ancre. Ce fertile pays est le Hanovre. Ses jardiniers alimentent Hambourg de légumes frais et délicats, et ses jardinières, dans leur costume étrange, avec leurs souliers à boucles, leurs bas violets, leur jupe courte et plissée, leur taille recouverte de broderies d'or et leur tête ornée d'une coiffure qui ressemble à un moulin à vent, parfument de leurs corbeilles de roses la ville et les promenades.

Et comme ce quartier de Saint-Pauli est original et pittoresque ! C'est le faubourg des matelots, on y trouve des foires permanentes, des cafés chantants, des jardins-brasseries illuminés de lanternes vénitiennes, des baraques de saltimbanques et des théâtres de marionnettes. Le soir, la vie de la cité tout entière afflue de ce côté. C'est un bruit de musique et de choc de verres, un bourdonnement confus et joyeux comme celui d'abeilles qui essaiment. A travers les soupiraux des caves-restaurants, on voit des familles attablées autour d'un buisson d'écrevisses ou d'une sole gigantesque. Plus loin, c'est une salle de danse ; l'orchestre vous soulève malgré vous, sous les flots de ses harmonies. Puis la rue reprend sa physionomie patriarcale et tranquille ; les commères, assises sur des bancs le long des trottoirs, s'entretiennent de leurs fils partis l'an dernier pour l'Amérique ou pour les Indes. Trente pas plus loin, la scène change de nouveau, et les heures s'envolent sans qu'on y songe.

Les caves qui ne servent pas d'entrepôts sont des tavernes, des restaurants, des brasseries, des *tingltangl*. L'étranger hésite avant de descendre ces escaliers souterrains. Mais quand il est descendu, il reste émerveillé. Tout est propre, luisant. Une de ces caves est particulièrement célèbre : l'aubergiste y est devenu si gros qu'il se trouve pris comme dans une souricière. Il faudrait démolir la maison pour qu'il pût sortir, et voilà deux ans qu'on délibère.

Hambourg n'est pas riche en monuments. De tous les édifices, la Bourse est le plus imposant et le plus beau. Il est sculpté et fleuri comme une cathédrale gothique. Chaque jour, quatre à cinq mille personnes viennent y apporter leurs offrandes. Il faut regarder, du haut des galeries, ce fourmillement d'hommes, pour avoir une idée des transactions qui se font dans ce temple d'acheteurs et de vendeurs.

Les courtiers hambourgeois n'ont aucune ressemblance avec les courtiers parisiens. Ils ne crient pas à se décrocher la mâchoire. Chacun d'eux a son genre d'affaires, sa spécialité. Celui-ci se charge du fret des navires, celui-là de la vente de leur cargaison; l'un est courtier en sucres, l'autre en laines ou en tabacs; ils apportent avec eux à la Bourse des échantillons, qu'ils étalent sur de petites tables. Il y a même des « courtiers artistiques » qui vous offrent des vases de porcelaine de Chine, des kiosques japonais, des pagodes indiennes. Si un différend s'élève entre le vendeur et l'acheteur ou vice versa, on n'a pas besoin d'aller bien loin pour trouver un avoué. D'une heure à deux tout le barreau de Hambourg, vêtu du solennel habit noir, la serviette et le code sous le bras, se tient dans un compartiment spécial de la Bourse, où il attend les clients.

Deux larges escaliers conduisent au premier étage où se trouvent les salons de lecture, la bibliothèque, qui ne compte pas moins de quarante mille volumes, et les grandes tables noires sur lesquelles on affiche les dépêches commerciales et politiques, au fur et à mesure qu'elles arrivent de tous les points du globe.

Un tableau indique aussi à l'armateur l'état de la mer, tel qu'il est signalé par les télégrammes des stations côtières. Les murs sont tapissés d'immenses cartes géographiques, de plans de tous les ports de mer du monde ; on a l'univers sous la main.

La population hambourgeoise passe pour la plus laborieuse de l'Allemagne. Chez elle, les rentiers sont inconnus, les millionnaires travaillent du matin au soir comme de simples commis à quinze cents francs. Mais le dimanche, ils prennent tous la clef des champs ; été comme hiver, ils vont passer la journée dans leurs villas princières des bords de l'Elbe et dans le faubourg champêtre de l'Uhlenhorst, véritable collier de petits châteaux, style Louis XIII, égrenés le long du cours gracieux de l'Alster.

« Dès qu'un marchand a gagné cent mille guilders, dit un voyageur allemand, il faut qu'il ait équipage et une maison de campagne ; ses dépenses vont de pair avec ses bénéfices, et le moindre souffle le fait tomber dans la pauvreté, dont cependant le moindre travail le retire encore. Hambourg est, sous ce rapport, une ville réellement singulière ; on y trouve des gens qui ont fait trois ou quatre fois banqueroute, et qui sont cependant redevenus riches. Le marchand qui gagne deux ou trois cent mille florins par an, et qui vit aussi magnifiquement que la plupart de ceux d'Amsterdam avec des millions, perd souvent en un instant ses maisons de campagne et de ville, ses magasins, sa voiture, ses jardins et redevient courtier. Mais à peine a-t-il vendu son ancienne maison de campagne, qu'il est déjà en marché pour en acheter une autre ; déjà il court la ville dans un phaéton traîné par deux puissants coursiers holstennois ; déjà il a son jardin, sa voiture, jusqu'à ce que tout à coup, zeste ! le voilà redevenu courtier. L'extrême facilité d'employer son argent rend le Hambourgeois trop hardi. Il fait plus d'affaires avec cinquante mille florins qu'un Hollandais avec deux cent mille, mais aussi il est plus exposé à un revers de fortune. Cependant la certitude qu'il a de ne pas être obligé de mendier dans sa vieillesse le met à l'abri de toute inquiétude. Hambourg est, à la vérité, la meilleure de toutes les retraites pour les banqueroutiers. Si les marchands qui ont fait faillite ne veulent pas se faire courtiers, et tenter de nouveau la fortune, on leur donne des emplois dont ils peuvent vivre fort honnêtement. Il y a de plus un fonds pour les *pauvres bourgeois,* mot qui signifie ici banqueroutiers. Il n'y a pas d'endroit où les établissements destinés aux pauvres soient aussi bien tenus qu'ici; faites attention, et vous verrez que ces banqueroutiers ont eu part à la législation, et qu'ils ont cherché à se pourvoir eux-mêmes et leur postérité contre tous les événements. »

Hambourg a été ravagée et incendiée plusieurs fois; comme le phénix, elle renaît toujours plus belle de ses cendres.

En 1224, elle se racheta du comte d'Erlamunde, à qui le roi Woldemar l'avait donnée, et devint ville libre. Sa grande prospérité et le rôle important qu'elle a joué dans l'histoire datent de cette époque. En 1241, elle fonda, avec Brême, cette redoutable ligue hanséatique composée de soixante-dix-sept villes. La Hanse ayant demandé à Woldemar des concessions qu'il refusa, elle lui déclara la guerre. La flotte hanséatique s'empara de Copenhague, en dévasta les environs et soumit la province danoise de Scanie, après avoir brûlé deux cents villages. Woldemar implora la paix et offrit aux Hanséates de leur laisser pendant quinze ans la souveraineté de cette province.

La Hanse s'était en même temps donné pour mission de purger les mers des pirates qui entravaient le commerce et la navigation. En 1444, les Hambourgeois avaient déjà décapité plus de deux cent quarante pirates, au nombre desquels se trouvait le fameux Nicolas Stortebecker, c'est-à-dire *Vide-Verre*.

En 1428, les bourgeois de Brême capturèrent les deux Lubben, qu'on redoutait jusque sur les côtes d'Angleterre. Ils furent condamnés à mort. Quand le premier des deux frères eut été décapité, le second se baissa, ramassa la tête sanglante et l'embrassa. A cette vue, le peuple écarta le bourreau, et offrit la vie sauve au condamné, s'il consentait à épouser une citoyenne de Brême.

« Me marier avec une de vos demoiselles bourgeoises, s'écria-t-il, y pensez-vous? Je porte dans mes veines le noble sang frison ; je ne veux pas de vos filles de pelissiers et de bottiers, coupez-moi la tête. »

Hambourg porte encore aujourd'hui le titre de « ville et république libre » ; mais quelle dérision !

En 1866, l'armée prussienne célébra son entrée à Hambourg en fusillant la foule inoffensive massée devant la porte grillée du faubourg Saint-Pauli. Les réquisitions prirent des proportions tout aussi fantastiques qu'à Francfort.

Mais la mémoire des hommes est courte et la propagande prussienne est puissante! Les journaux de Hambourg sont payés pour chanter la gloire du nouvel empire, et la flotte impériale qui grandit fait l'orgueil de cette population de marchands et d'armateurs. En 1867, le roi Guillaume honora Hambourg de sa présence, et l'on passa l'éponge sur le passé. Les maisons se pavoisèrent aux couleurs prussiennes. Seul, le ciel refusa de prendre part à la fête, et fit cause commune avec quelques vieux boudeurs. Le roi dut se montrer sous le dais d'un riflard d'alpaga, et on entendit les gamins crier : « Vive le *Schirmherr* de l'Allemagne du Nord ! »

Schirmherr est un mot à double sens qui veut dire tout aussi bien l'*homme au parapluie* que le *puissant protecteur*.

Après la guerre de 1870-1871, le libéralisme hambourgeois s'empressa de déférer à M. de Bismarck le diplôme de la bourgeoisie d'honneur. Ce diplôme, coulé en bronze, est une véritable œuvre d'art que le chancelier montre, en disant à ceux qui l'admirent : « C'est du solide, et ça vaut cher. Les Hambourgeois sont riches, ils font bien les choses. »

M. de Bismarck n'a pas voulu être un bourgeois de Hambourg *in partibus,* et se tenir trop éloigné de gens si donnants ; l'ancienne ville libre s'était rapprochée de lui, il s'est rapproché d'elle. L'empereur y a aidé. Pour récompenser ce précieux homme d'État d'avoir pris cinq milliards et deux provinces à la France, il lui a donné la forêt et le domaine de Friedrichsruhe. En souverain que guident des principes de stricte économie, il n'a eu que la peine de *recevoir* ce royal présent, en 1866, des mains du roi de Danemark. Friedrichsruhe se trouve dans le petit duché de Lauenbourg, happé par la Prusse, et situé sur les limites de la république de Hambourg. On évalue la valeur de cette propriété à quatre ou cinq millions de thalers. M. de Bismarck y loue deux auberges et y a déjà fait couper pour sept cent mille francs de bois. Moyennant une carte de circulation qui coûte 2 fr. 75 c. et que les deux aubergistes délivrent aux étrangers pour le compte du propriétaire et marchand de bois, on peut visiter le château, admirer les deux douzaines de pipes culottées par Son Excellence le grand chancelier de l'empire, et même s'asseoir là où il vient s'asseoir, sur le tertre de gazon appelé *Otto's Stiz* ou reposoir d'Otto.

Chaque fois que M. Otto de Bismarck arrive à Friedrichsruhe pour diriger de nouvelles coupes dans ses forêts et compter les billets d'entrée vendus pendant la belle saison, les Hambourgeois s'empressent d'accourir avec des bouquets et de la fanfare. Ils lui donnent une sérénade aux lanternes qu'il écoute avec extase, et ils célèbrent sous son balcon les douze travaux de « l'Hercule du dix-neuvième siècle », parmi lesquels figurent en première ligne la prise de Paris et celle des pommes d'or, c'est-à-dire des cinq milliards. Après l'attentat de Kissingen, un nommé Waldmann composa une cantate pour célébrer la délivrance miraculeuse du chancelier, et il vint, avec une trentaine de chasseurs, la hurler sous le balcon du château de Friedrichsruhe. M. de Bismarck descendit pour serrer la main des chanteurs et leur verser de la bière. Il leur déclara que cet hymne était trop flatteur pour lui, que le mérite d'avoir unifié l'Allemagne revenait surtout à l'empereur; l'œuvre n'eût pas été possible, cependant, si l'empereur n'eût eu derrière lui le fidèle peuple allemand. « Maintenant, ajouta-t-il, maintenant que l'*ennemi héréditaire* a été frappé sur la tête, je ne doute point que les fantômes qui cherchent à nous enlacer de leurs filets (sic) ne soient bientôt dissipés. »

Cet enthousiasme que le chancelier provoque parmi la jeunesse hambourgeoise n'est pas complètement partagé par le sénat et la municipalité, qui, l'an dernier, refusèrent d'un commun accord de donner le plus petit denier pour la « glorieuse fête de Sedan ».

La journée était trop belle pour la finir dans un cabinet

Au Jardin zoologique de Hambourg.

de lecture; je remontai vers le bassin de l'Alster, et, comme des affiches roses annonçaient « pour les actionnaires et les étrangers seulement » un concert au Jardin zoologique, je m'y fis conduire. La route est charmante. On traverse les boulevards extérieurs, promenades délicieuses qui remplacent les remparts et ceignent la ville

d'un ruban de verdure. On passe à côté du Jardin botanique, qui se révèle de loin par des bouffées de parfums, et l'on suit une allée ombreuse qui aboutit à une grille et à deux tourniquets : c'est le Jardin zoologique.

Je ne vous décrirai pas ses curiosités. L'ornithologie y est au grand complet; dans chaque buisson, c'est un caquetage assourdissant, une vision de plumages qui étincellent comme les couleurs de l'arc-en-ciel, des canards aux ailes vertes, bleues, mouchetées, font à un joli petit étang comme une bordure de fleurs exotiques. Des cigognes, debout sur une patte, rêvent de grenouilles et de lézards; des pélicans immobiles, graves comme de vieux juges, semblent donner audience aux flamants et aux ibis qui se plaignent d'une trop longue captivité. En descendant au fond des vallées lilliputiennes qui coupent l'extrémité du parc, vous rencontrez des biches, des cerfs et des daims.

Le palais des singes est plus beau que le palais des députés à Berlin. Un gorille, doux comme le savant M. Virchow, caresse de la main la tête blonde des petites filles qui s'approchent des barreaux. Il met les gants qu'on lui jette; il ne lui manque qu'un faux-col, un lorgnon et un chapeau pour ressembler à un élégant des trottoirs de Berlin.

L'aquarium occupe un bâtiment spécial; on descend sous terre par un escalier, et, en moins d'une minute, on se trouve au fond des mers: des poissons étranges circulent autour de vous; des huîtres bâillent comme les auditeurs de M. Richard Wagner, des crabes ouvrent leurs pinces, des polypes s'agitent paresseusement. On entend comme un vague bruit de flots. Et à la sortie du souterrain, une musique entraînante frappe vos oreilles.

Deux à trois cents personnes sont attablées en plein air, devant l'estrade de l'orchestre. Les dames sont en toilette, mais j'ai été frappé de leur simplicité. Si peu de dentelles pour tant de femmes millionnaires! On dit que le caractère de la population de Hambourg a quelque similitude avec le caractère britannique. Je n'ai cependant remarqué chez les hommes ni la sécheresse ni la froideur des Anglais.

Le Hambourgeois est gai, hospitalier; il tient à jouir de sa richesse, et il se plaît surtout dans le luxe de la table. Nulle part en Allemagne, je le répète, on ne mange mieux qu'à Hambourg ; les Berlinois, qui n'ont pas seulement de formidables appétits politiques, organisent en été, chaque semaine, des trains de plaisir pour venir « faire bombance » à Hambourg.

XI

BRÊME

Deux villes se partagent la royauté commerciale de l'Allemagne, et ces deux villes, comme deux sœurs qu'unissent des liens étroits, vivent côte à côte. Des rives de l'Elbe, Hambourg peut saluer Brême, assise sur les rives du Weser. La même légende recouvre leurs berceaux de son voile d'or, et, dès que les deux sœurs sont en état de marcher, elles s'avancent d'un pas égal dans les avenues de l'Histoire.

Brême a été d'abord, comme Hambourg, un pauvre village de pêcheurs. Un jour, un saint missionnaire y débarque, prêche l'Évangile, renverse les idoles. Un siècle plus tard, Charlemagne y érige un évêché où il appelle saint Ansgar, l'apôtre du Nord. Des tribus répandues sur les bords du Weser jusqu'à la mer accourent aussitôt se mettre sous la protection de la croix et de l'épée. La bourgade grandit rapidement, elle devient ville. Elle s'entoure de fossés, de remparts; des tourelles se marient aux clochers. Ce ne sont plus des processions pieuses seules qui sortent de ses murs ; une petite armée franchit maintenant ses ponts-levis et tient les pirates à distance. Les bourgeois de Brême commencent à forger à coups d'épée cette clef de l'univers qui doit prendre la place d'honneur dans les armes de la cité.

En 936, l'empereur Othon octroie à l'évêque Adalgus de nombreux privilèges : le droit de battre monnaie, d'établir des péages et d'ouvrir des marchés. Le commerce et l'industrie ont cessé leur premier bégaiement et parlent une langue correcte. Mais des étrangers ont vu des pièces d'or briller à travers les soupiraux des caves, et il leur a semblé que ces belles captives leur faisaient les yeux doux. De retour chez eux, sur les côtes frisonnes, ils organisent une expédition. Ces nouveaux Argonautes incendient la ville pour s'emparer de la toison d'or.

Brême ressuscita de ses cendres, comme l'oiseau-fée des contes bleus : son pourpoint de pierre était trop étroit, la jeune cité s'en confectionna un autre, beaucoup plus solide et plus ample. Elle s'y sentit à l'aise pour recommencer ses affaires, et quand le souffle des Croisades fit pousser une végétation de soldats sur le sol allemand, elle ne quitta pas ses comptoirs, elle ne fournit pas des hommes, mais de l'or, — avec lequel on les achète. Dans les mains de ces industriels et de ces commerçants, l'argent avait une qualité encore inconnue : il se faisait universel, il devenait une puissance, il se dévouait à une idée et s'essayait déjà à soulever le monde. C'est l'or de Hambourg, ce sont les dons généreux des villes marchandes qui ont acheté les armes et les vaisseaux des soldats de la Croix. Du fond obscur de leurs boutiques, ces banquiers chrétiens lançaient des flottes et des armées au delà des mers.

La noblesse germanique versait sur les champs de bataille les gouttes de son sang; eux y versaient des gouttes d'or.

L'argent du négoce brémois entreprit aussi de pacifiques conquêtes : c'est lui qui envoya des colons sur les bords du golfe de Livonie et de Finlande, pour y jeter les fondements des deux villes de Riga et de Revel, et c'est ainsi que commença l'invasion allemande en Russie.

Les pavillons de ces simples marchands flottaient partout, craints et respectés. Dès leur apparition dans l'histoire, les Brémois montrent le caractère tenace et aventureux des Anglo-Saxons. Mêlés à la guerre de Trente ans et à celle de Sept ans, ils se distinguent par leur hardiesse et leur opiniâtreté.

Le traité de paix de Westphalie éleva la riche cité au rang de ville impériale. Les Suédois l'assiégèrent à deux reprises, les Français s'en emparèrent en 1808; le congrès de Vienne lui rendit enfin son indépendance, que la Prusse lui a reprise aujourd'hui.

Tandis qu'à Hambourg les rues sont pleines d'animation et de tapage, à Brême la tranquilité est si complète qu'on se croirait dans une petite ville de résidence, comme Carlsruhe ou Weimar. Passé dix heures, quand a sonné le couvre-feu, la ville a quelque chose de funèbre. C'est en vain que la lune regarde : personne ne rêve sous les allées de tilleuls qu'elle éclaire et le long des ruisseaux qu'elle couvre de paillettes d'argent.

D'où vient ce contraste entre les deux cités sœurs? D'une cause bien simple : Hambourg est un port, Brême n'en est pas un. Tandis que Cuxhaven, à l'embouchure de l'Elbe, est resté un village, Bremerhaven, à l'embouchure du Weser, a tout accaparé au passage, et la maison du fils est plus belle, plus spacieuse que celle du père. Là se trouvent maintenant les docks, les magasins, les entrepôts; là s'est concentrée presque tout entière la vie commerciale de l'ancienne république marchande; la Bourse est encore à Brême, mais les affaires sont à Bremerhaven.

Au point de vue politique, il y a aussi une différence tranchée entre le Brémois et le Hambourgeois. Le premier semble prendre son parti de la perte de ses libertés; il trouve même au casque prussien qui le coiffe une certaine grâce; le second vous parle de son indépendance, de ses privilèges, de son sénat, comme si tout cela existait encore. Hambourg regimbe de temps en temps sous la poigne de M. de Bismarck; Brême se soumet, et ne voit dans le « grand empire » que le prestige du nom allemand au delà des mers et l'adjonction d'un zéro à ses additions. On ne peut demander beaucoup de patriotisme au sucre, au café, à la cannelle, au tabac et au bois de campêche; il est vrai qu'on rencontre bien çà et là, dans l'antique cave de l'Hôtel de Ville, des bourgeois non moins antiques, qui vous glissent tout bas un timide regret sur les jours passés; mais qu'on se rassure à Berlin, le cas est rare.

Autrefois, toutes les puissances étaient représentées auprès du « très sage et très louable Sénat de la république de Brême ». Le titre de citoyen de la ville était particulièrement recherché par ceux qui ne brûlaient pas d'un amour ardent pour la militairomanie prussienne : je crois même que ces honorables marchands avaient ouvert un comptoir spécial de bourgeoisie à prix réduit, et qu'ils en tiraient de fort beaux profits.

L'individualité pittoresque de Brême s'efface en même temps que son individualité politique. Les anciens costumes ont disparu; les vieilles rues s'en vont; partout s'élèvent des hôtels splendides, des constructions sans cachet et sans originalité. En venant de la gare, en croit entrer dans une ville de quakers. C'est propre, mais froid ; bien aligné, mais monotone.

Des jardins, de vertes pelouses, des étangs avec de petits bateaux « qui vont sur l'eau », des flottilles de cygnes blancs et noirs, de canards de Norvège et du Japon, des bosquets d'arbres exotiques, remplacent les anciennes fortifications ; et là où veillaient les hommes d'armes, bardés de fer, des bonnes d'enfants veillent sur d'inoffensifs bébés affublés de sabres de bois et de casques de carton à pointe dorée.

La place du Marché a seule conservé comme un reflet lointain des splendeurs éteintes ; la cathédrale, qui s'y élève, remonte aux premiers temps du christianisme. On en attribue la fondation à saint Willibald. Rebâtie au douzième siècle, elle offre un mélange d'architecture romane et gothique qui ne semble pas très heureux. Le cloître attenant est devenu un entrepôt de vins. Les caveaux de la cathédrale sont célèbres : on y montre des corps aussi bien conservés qu'au Saint-Bernard et qui datent d'un demi-siècle.

Le bijou de la place du Marché est l'Hôtel de Ville, édifice d'une grâce délicate, véritable floraison de pierre, éclose au souffle joyeux de la Renaissance. Les sept électeurs, dans leurs niches que le ciseau d'un Michel-Ange inconnu a ornées de fines dentelles, de pointes capricieuses, de fleurons bizarres, entourent le César allemand, ceint de la couronne de Charlemagne et portant, comme lui, le globe du monde dans sa main. Des arcades s'ouvrent gracieusement le long de l'édifice, et les oiseaux viennent nicher dans leur feuillage de marbre. Sur la frise, se dressent des statues allégoriques pleines de mouvement.

L'intérieur de l'Hôtel de Ville n'est pas moins curieux que l'extérieur. On monte par un large escalier de chêne à la grande salle, où le Sénat de la république tenait ses séances. Cet escalier est encore défendu par une espèce de petite herse de fer, qu'on baissait et qu'on levait à volonté. Les murs sont couverts de peintures de batailles et de peintures bibliques. Salomon, en costume de bourgmestre de Brême, rend son jugement, et un soldat de la Hanse menace de partager de son glaive l'enfant réclamé par les deux mères. On voit également le « portrait » d'une baleine échouée dans le port de Brême, le 9 mai 1669. Des réductions des premiers navires de guerre de la Confédération germanique sont suspendues au plafond. Ce plafond est lui-même une merveille. On y remarque, encadrés dans des médaillons d'or, les empereurs germaniques, depuis Charles le Grand jusqu'à Sigismond. On a placé à une des extrémités de la salle la statue, en marbre de Carrare, du célèbre bourgmestre brémois Schmidt, mort en 1857.

Un touriste qui se respecte ne sort point de l'Hôtel de Ville sans en visiter les caves et sans boire un verre de vin de 1624, surnommé vin de la *Rose* ou des *Douze apôtres*.

Je suppose que ces apôtres-là étaient de gais apôtres, et qu'ils s'occupaient de tout autre chose que de la prédication de l'Évangile.

Les tables s'alignent à perte de vue, sous les sombres arceaux, que la flamme tremblotante d'un bec de gaz éclaire à peine. D'un côté, les grosses futailles, cousines du fameux tonneau de Heidelberg, se tiennent accroupies. Quelques-unes sont décorées comme des autels. La « vue du clos », peinte à l'huile, sert d'armoirie au tonneau; de petits bacchus nus soutiennent ce tableau encadré de pampres et de grappes dorées. On aperçoit vaguement dans la pénombre une cavalcade de tonnes de moindre dimension, sur lesquelles chevauchent des faunes, des satyres et des nymphes en bois sculpté.

Le vin se vend au compte de la municipalité, et il faut avouer qu'il n'y en a pas de meilleur en Allemagne. Avant l'ouverture de la Bourse, les millionnaires de Brême viennent volontiers boire au fond de la cave un flacon de Rudesheimer ou de Moselwein. Les jours de marché il y a musique; en résonnant sous ces larges voûtes, la trompette et le cor produisent un vacarme infernal.

Le palladium de la ville, la vieille statue de Roland, s'élève aussi sur la place du Marché, témoin historique des gloires et des vicissitudes de la république. Ce Roland, qui n'a aucune parenté avec le Roland de Roncevaux, serait l'image de l'empereur Otto II, le Rouge, qui accorda à la cité naissante une foule de libertés et de privilèges. La statue a dix-huit pieds de haut et représente un jeune guerrier imberbe, harnaché en guerre. Un manteau flotte sur ses épaules; de la main droite, il tient une épée; de la gauche, un bouclier sur lequel on lit une inscription hollandaise. A la fin du siècle dernier, on peignit sur son manteau un lion et un chien qui se disputaient un os, avec cette devise: « Chacun pour soi. » La Prusse a tué aujourd'hui le lion brémois, s'est emparée de l'os; et ce pauvre palladium fait réellement mal à voir.

En face du Rolandsaeule, s'élèvent la Bourse et le Schutting.

Le Schutting est le siège de la chambre de commerce; ce nom vient de *scheten, schiessen* (tirer), parce que, dans les grandes occasions, on tirait le canon devant cet édifice. La Bourse de Brême est un chef-d'œuvre d'architecture, comme celle de Hambourg. Ses clochetons gothiques s'élancent dans les airs avec une hardiesse qui n'a rien à envier à celle des spéculateurs qui l'ont bâtie.

XII

BREMERHAVEN

On descend de Brême à Bremerhaven en quatre ou cinq heures. Le trajet, sans être très pittoresque, n'est pas ennuyeux. On arrive d'abord dans le joli port de Vegesak, coquet, mignon, qui semble fait pour abriter des bateaux aux voiles de satin, montés par des sylphes et remorqués par des cygnes. Des villas de toutes couleurs se cachent à demi, comme des dominos roses, gris et jaunes, derrière de grands éventails de verdure. L'effet est fantastique et imprévu. A mesure que le vapeur avance, les rives s'élèvent et forment comme deux remparts. De temps en temps, il y a entre ces longues digues monotones un interstice à travers lequel on aperçoit de belles prairies qui déroulent leurs vagues vertes jusqu'au bord de l'horizon. Les paysans travaillent au milieu de leurs troupeaux. On entend les moulins qui babillent et battent joyeusement de l'aile sous le vent qui vient de la mer. Il y a de l'entrain dans ce paysage. On passe du pays des taupes dans celui des abeilles.

Les populations répandues sur les rives du Weser sont de race frisonne. Intelligentes, honnêtes, laborieuses et fières, elles ont le sentiment de leur supériorité morale. Il y a dans ces vieux Frisons quelque chose de ces pâtres de la primitive Helvétie, habitués à lutter contre les hommes et contre les éléments. Les jeunes gens sont de belle venue, courageux et forts; les vieillards encore verts. L'ancien district d'Owerstade, le pays du Vierland et de Wusten, sont peu connus. Les voyageurs trouveraient cependant matière à d'utiles comparaisons, en parcourant ces marches hanovriennes qui ressemblent si peu aux sablonnières du Brandebourg.

Des bancs de sable, des îles de roseaux surgissent du sein du fleuve et annoncent le voisinage de la mer. Bientôt apparaît une longue ligne de vagues grises, argentées d'écume. Les mouettes se balancent paresseusement au-dessus du flot, et les hirondelles forment dans le ciel comme une série de petits losanges noirs. Autour des bateaux, grand tumulte : ce sont des dauphins à la tête ronde comme celle du morse, qui ont l'habitude de se rassembler à l'embouchure du fleuve, et que notre vapeur trouble dans leurs ébats.

A droite, une tour massive, couleur chocolat, avec deux canons qui bâillent, s'élève au milieu d'un fouillis de maisons coiffées de toits rouges. C'est le fort Wilhelm, construit par le roi de Hanovre, et qui décore beaucoup mieux le paysage qu'il ne défend la côte.

Nous atteignons Geestemunde, à l'embouchure du Weser et de la Geste. C'est une station commerciale importante. De belles maisons s'alignent sur les quais ; mais Bremerhaven, sur la rive opposée, quoique d'origine plus récente, est plus riche et plus prospère.

Bremerhaven a la véritable physionomie du grand port

de mer. Tout vit, tout s'agite dans ses rues, sur ses quais. En voyant cette foule de matelots bigarrés et de navires de tous pavillons, on passe en revue le monde entier. Les magasins de Bremerhaven peuvent rivaliser avec ceux de Hambourg.

Pour qui marche le long de ces devantures où s'entassent les produits des deux mondes, et parcourt du regard ces enseignes en toutes langues, la flânerie acquiert l'intérêt d'une promenade dans un musée. Ici, ce sont des ananas, des noix de coco; là, des coquillages, des coraux, des serpents conservés dans l'esprit-de-vin, des oiseaux et des crocodiles empaillés, des papillons merveilleux, des insectes étranges.

J'ai fait l'ascension du phare. La vue est immense. Quand la marée monte, on ouvre les portes de fer des bassins, les vaisseaux entrent, les portes se referment, l'eau s'écoule par des écluses, et les charpentiers font à pied sec le tour des navires, qui semblent échoués sur la plage. Les chantiers s'étendent à perte de vue. Les mâts des navires portugais, espagnols, hollandais, poussent dans les forêts tudesques; les bâtiments de la marine marchande de ces trois nations sortent à peu près tous des chantiers de Bremerhaven. Sur les quais, il y a des entassements de tonnes, de caisses, de ballots, qui forment comme de petites montagnes qui se ramifient, qui s'élèvent ou qui s'abaissent.

En se retournant, on a devant soi la mer, non pas la mer unie et calme comme une glace, mais la mer bruyante, encombrée, en fièvre de travail, exhalant une respiration puissante qui remplit l'espace d'un grand bruit. C'est un tableau imposant. Dans le lointain, les îles de Neuwerck et de Wangeroog apparaissent comme de grosses mouches vertes.

Les chemins de fer et les vapeurs du Weser amènent en moyenne chaque année cinquante à soixante mille émigrants à Bremerhaven ; 250 navires du *Nord-Deutsche-Lloyd* sont exclusivement employés au service de l'émigration. En 1871, la statistique officielle constata que 5,348 individus émigrèrent de la province de Prusse proprement dite. Le nombre des émigrants qui se sont embarqués en 1872 à Brême, Hambourg et Anvers, a été de 125,754 ; en 1873, il a été de 103,898. Dans ce dernier chiffre, la Prusse figure pour 67,574 émigrants ; la Bavière en a fourni 9,591 ; la Saxe Royale, 2,793 ; le Wurtemberg, 4,651 ; Bade, 4,372 ; la Hesse grand-ducale, 2,021 ; le Mecklembourg-Schwerin, 6,472 sur 500,000 habitants ; l'Oldenbourg, 1,139 ; l'État de Hambourg, 1,162 ; l'Alsace-Lorraine, 470.

On compte que, depuis 52 ans, il y a eu 2 millions et demi d'émigrants. En France, dans le même laps de temps, il n'y a eu que 250,000 individus qui ont quitté leur pays. Dans la province de Lauenbourg, en 6 mois seulement, sur une population de 50,000 habitants, il y en a 1,500 qui sont partis pour l'Amérique.

En 1850, le gouvernement brêmois a fait construire à Bremerhaven, en face du port, un immense caravansérail pour les émigrants ; il renferme 2,000 chambres qui se louent à peu près 80 centimes par jour. La cuisine se fait à la vapeur ; on peut cuire 3,500 repas en même temps.

Je m'étais promené de longues heures sur les quais ; et, voulant jeter un dernier coup d'œil sur tout ce que j'avais vu, je vins m'installer sur la terrasse de l'hôtel Winter. On domine de là les vastes bassins du port, et nulle part, dans toute l'étendue du nouvel empire, le café et les havanes ne sont plus parfumés. Depuis un instant, je remarquais un va-et-vient continuel et inusité entre l'*Ausswanderhaus* (la maison des émigrants) et un paquebot qui chauffait devant l'embarcadère.

— Encore des émigrants! s'écria tout à coup, à côté de moi, un capitaine de vaisseau en retraite, qui vient chaque jour chercher dans le spectacle du port un adoucissement à sa nostalgie de la mer. Les journaux annoncent que l'émigration diminue; mais moi, qui vois encore clair, je ne m'en aperçois pas, me dit-il en se tournant vers moi. Voilà quatre ans que nous avons régulièrement deux départs d'émigrants par semaine. Savez-vous, monsieur (et il tira son calepin), combien il est arrivé d'Allemands aux États-Unis, de 1845 à 1855? J'ai ici des chiffres officiels : 1,226,332. Après la guerre de Danemark, le nombre des émigrants partis de Brême et de Hambourg a été de 18,000; après la guerre d'Autriche, de 26,000; après la guerre de France, en 1871, de 38,000. Les avantages directs et indirects que les États-Unis retirent de cette émigration sont incalculables. On n'évalue pas à moins de 11 millions de dollars la somme importée d'Allemagne en Amérique tous les ans; car ne croyez pas que les pauvres diables seuls s'en aillent. Il y a de riches familles qui vendent tout et qui s'en vont uniquement pour soustraire leurs enfants au service militaire. Outre l'argent qu'ils possèdent, les émigrants emportent avec eux en moyenne pour 150 dollars d'effets d'habillement, d'outils et de bijoux.

Les 250,000 qui sont arrivés à New-York en 1869 ont donc augmenté la richesse nationale de 37 millions et demi de dollars. Un immigrant apporte aussi dans le pays où il s'établit une valeur égale au produit moyen du travail d'un indigène. Cette valeur dépend de l'intelligence, des habitudes de vie et du caractère de l'immigrant. On a calculé qu'un colon ou un travailleur américain dépense, avant d'être capable de gagner sa vie, 1,500 dollars, et une femme 750 dollars. Les immigrants sont, pour un cinquième, âgés de moins de quinze ans; mais les quatre autres cinquièmes sont composés en majeure partie d'hommes dont l'éducation aurait occasionné une dépense de 1,500 dollars. En supposant que le nombre de femmes égale celui des hommes, chaque immigrant représente donc, pour le pays où il s'établit, une valeur de 1,125 dollars. Or il est arrivé à New-York, du 5 mai 1847 au 1ᵉʳ janvier 1859, 4,038,991 personnes. Si l'on ajoute au capital de 1,125 dollars que représente chacune d'elles les 150 dollars dont j'ai parlé, cela donne un total de 1,275 dollars et l'on trouve que la richesse nationale a dû s'accroître de 5,149,525 dollars. Une émigration de 300,000 âmes par an ferait donc profiter le pays de 882 millions, ou de plus d'un million de dollars par jour.

En ne tenant pas compte des émigrés, la population des États-Unis s'accroît de 1,38 p. 100 par an; avec les émigrants, l'accroissement a été de 35,17 p. 100 de 1840 à 1850, et de 35,59 p. 100 de 1850 à 1860. L'immigration a, par conséquent, avancé de quarante ans le développement de l'Amérique.

— Voilà des chiffres édifiants, capitaine, et une statistique pleine d'éloquence.

— Cela vous prouve, monsieur, que pour l'Allemagne la perte n'est pas seulement en hommes, mais aussi en argent. Quelle armée formidable on ferait avec tous les Allemands qui ont émigré aux États-Unis; et avec les capitaux qu'ils ont emportés, que d'industries on pourrait créer, que d'améliorations on introduirait dans l'agriculture ! Une fois en Amérique, le capital ne revient plus;

l'exportation, dans ce pays, est de beaucoup supérieure à l'importation. Les États-Unis se suffisent à eux-mêmes et tiennent l'Europe sous leur dépendance commerciale. Il est faux de dire que l'Allemagne retire des avantages de l'émigration, comme l'ont prétendu certains économistes. Quant aux liens de solidarité qui unissent les deux pays, je sais à quoi m'en tenir; moi qui ai parcouru pendant dix ans ces contrées. Les Allemands deviennent plus promptement Américains que les Anglais; et ils n'ont aucun désir de revoir leur patrie. C'est tout le contraire chez les Français, qui ne partent pour les pays lointains qu'en vue d'y faire une fortune rapide et de revenir tranquillement passer leur vieillesse à l'ombre du clocher natal.

— Croyez-vous, capitaine, à l'efficacité des lois qu'on a élaborées pour s'opposer à l'émigration?

— Non. Ces mesures blessent la liberté individuelle, voilà tout. Elles n'empêchent point ceux qui veulent émigrer. Depuis que des mesures de police sont prises, qu'arrive-t-il? Les jeunes gens aptes au service militaire vont s'embarquer au Havre et rejoignent leurs parents en Angleterre. Il y en a aussi qui trompent la surveillance de l'autorité, en gagnant, de nuit, des villages côtiers et les paquebots en partance pour le nouveau monde.

Depuis la dernière guerre, 16,000 conscrits, en moyenne, manquent chaque année; et dans ce chiffre n'entrent pas seulement les émigrants, mais aussi les déserteurs. Car on déserte pour se soustraire aux rigueurs de la discipline prussienne. Du reste, la solde du soldat est insuffisante. Des plaintes générales s'élèvent à ce sujet. Ce n'est pas seulement dans le Nord, où la pauvreté est plus grande, que les jeunes gens émigrent, mais aussi dans le Sud. Dans le seul district de Bottweil, en Wurtemberg, il y a eu en six mois 143 jeunes gens qui ont été condamnés par contumace pour s'être soustraits au service militaire. Le tribunal de Cologne, en une semaine, a condamné par défaut 99 jeunes gens réfractaires, natifs de cette ville, qui faisaient partie du dernier contingent et qui, en passant à l'étranger, ont renoncé à cueillir de nouveaux lauriers. La *Gazette de Magdebourg* assurait qu'en haut lieu on se serait inquiété des proportions que prend le mouvement. Un employé supérieur du ministère de la guerre aurait dit récemment que l'on pourrait former tout un corps d'armée avec les jeunes gens qui ont quitté le pays pour ne pas servir.

Il était trois heures ; le *Moltke,* qui appareillait, avait fixé son départ pour cinq heures, il me restait assez de temps pour visiter le navire. Je descendis au port, et, après m'être muni au bureau d'un billet de visiteur, je montai sur le pont du transatlantique.

Ces paquebots du *Nord-Deutsche Lloyd* sont de merveilleux bâtiments. On dirait de grands hôtels flottants. Les cabines des premières unissent le confort à l'élégance ; le salon et la salle à manger sont décorés avec un luxe oriental : des tapis, des divans de velours, des fleurs, des tableaux, chefs-d'œuvre de maîtres, un piano, tout ce qu'il faut pour distraire le regard et la pensée.

Mais quel contraste en passant de ces appartements princiers à l'entrepont, sombre, à peine éclairé, aux parois de bois brut, où les pauvres émigrants sont entassés par centaines sur la couverture ou le matelas qu'ils ont eu la prévoyance d'ajouter à leurs bagages ! C'est sortir d'un palais pour entrer dans une cabane. Et quelle cabane !

Des améliorations considérables ont cependant été apportées dans le transport et le traitement des émigrants. Autrefois, ils n'étaient guère mieux traités que des animaux, et les navires allemands se distinguaient d'une manière toute spéciale dans cette abominable traite des blancs. Les émigrants devaient acquitter en travaillant le prix de leur passage, et jusqu'à ce qu'ils fussent libérés de leur dette, on pouvait les vendre comme es-

A bord du *Moltke*.

claves. Pour la plus légère infraction aux règlements, on leur administrait la schlague. Des capitaines anglais, qui essayèrent d'introduire sur leurs navires cette coutume barbare, furent pendus par ordre du parlement. Dans une seule traversée de Brême aux États-Unis, il périt 250 passagers.

Ceux du *Moltke*, au nombre de 300, appartenaient la Hesse, aux provinces rhénanes et à la Westphalie.

Je descendis dans l'entrepont. Les femmes rangeaient silencieusement leur literie, et à côté d'elles des nouveau-nés dans leur berceau souriaient comme de petits Moïses. Des hommes cachaient leur émotion sous une activité fiévreuse.

— Ne regrettez-vous pas l'Allemagne? dis-je à des Rhénans.

— Nous regrettons la patrie, mais nous ne regrettons pas l'empire; nous allons au pays de la liberté.

Sur le pont, une belle jeune fille de vingt-deux ans, portant le pittoresque costume des Hessoises, plongeait une dernière fois son regard dans les brumes de l'horizon, du côté de la terre. Que regrettait-elle? Un frère, un ami d'enfance en ce moment sous les armes?...

Un léger tremblement agitait sa main; sa figure était triste et pâle.

J'avais assez d'émotions comme cela; je rentrai à l'hôtel.

Au coup de cinq heures, le navire leva l'ancre, les matelots poussèrent un hourra, des mouchoirs s'agitèrent, et toute cette cargaison humaine s'en alla à la garde de Dieu!

XIII

WILHELMSHAVEN

Parti de Brême un peu avant le lever du soleil, je suis arrivé de bonne heure à Wilhelmshaven. Wilhelmshaven (le port de Guillaume) est le port d'armement et de construction le plus considérable du nouvel empire.

Si je n'avais eu que le *Guide Joanne*, j'aurais été passablement embarrassé de trouver mon chemin. Il est vrai que Wilhelmshaven n'existait pas encore en 1862, époque à laquelle parut la dernière édition de l'*Itinéraire de l'Allemagne du Nord*.

A neuf heures, j'étais à Oldenbourg, bien que le chemin de fer grand-ducal ne semble pas vouloir marcher avec le siècle de M. de Bismarck, et se montre quelque peu récalcitrant aux efforts de la vapeur.

Oldenbourg une est petite ville paisible et sage, comme son prince. En 1866, le grand-duc prétexta des rhumatismes, et, au lieu de se mettre en campagne, il envoya son humble soumission à Berlin. Le roi Guillaume le récompensa de cet acte de courage en lui laissant son duché, ce qui a été un remède souverain contre les rhumatismes de Son Altesse.

La gare d'Oldenbourg est un ignoble hangar. Au milieu, on voit un tonneau sur un chevalet, avec cette inscription : *Trinkwasser* (eau potable). Les voyageurs tournent le robinet et boivent à pleines gorgées. Les gens qui m'entourent ont le type frison dans toute son originalité : cheveux blond clair, grands yeux bleus et teint de lait. Les femmes sont fraîches comme les nymphes de Rubens. A droite, dans un champ, des soldats prussiens, en costume de garçons pâtissiers, dressent des tentes. On dirait que le petit camp qui se forme près de la gare n'est là que pour le décor, tant il a l'aspect inoffensif.

Le duc de Nassau a obtenu la grâce de conserver quelques échantillons de son ancienne armée : ces honnêtes guerriers, dont l'ennemi n'a jamais vu que les gros derrières, portent un uniforme varié de couleurs comme le plumage du perroquet ; ils font la police de la gare, armés d'une longue pipe.

Enfin, après une demi-heure d'arrêt, le bon petit chemin de fer de Son Altesse se décide à continuer sa route. Des dames, avec des paniers de provisions, envahissent notre wagon. La bouteille de kirsch, qui aide à pousser les tranches de jambon de Hambourg, passe de bouche en bouche. Ces scènes d'intérieur n'ont malheureusement plus beaucoup d'attrait pour moi ; je leur préfère le paysage.

Jusqu'à Varel, la contrée est riche et prospère. De beaux troupeaux de vaches tachetées de noir errent dans les pâturages verts. Les bois de chênes abritent des cerfs, des chevreuils ; les chasseurs y font d'horribles Saint-Barthélemy de lièvres et de perdreaux. Les grands pro-

Une nouvelle déception m'attendait à Wilhelmshaven. La locomotive s'arrêta au milieu des sables, à cinq minutes de la petite ville ; une pluie battante nous inonda à notre descente de wagon, et nous faillîmes être obligés de gagner notre hôtel à la nage.

Quand les nuées qui passent, chassées par un vent du sud-ouest, ont fini de vider leurs outres, je m'empresse de me rendre à l'amirauté. C'est un immense édifice, au bout d'une immense place ; un immense drapeau flotte sur son faîte terminé en tour d'horloge. Des deux côtés, des avenues en formation : à travers les fenêtres ouvertes des rez-de-chaussée, j'aperçois des sabres, des pistolets accrochés aux murs, et des officiers de marine qui lisent, qui écrivent ou se font la barbe.

J'avais une lettre d'introduction auprès du secrétaire de l'amirauté ; bien que l'accès des chantiers de Wilhelmshaven soit permis, je ne rencontrai pas moins de sérieuses difficultés. On conféra longtemps, on en référa à l'amiral qui avait autre chose à faire ; enfin, après deux longues heures d'attente, un officier supérieur, portant un lorgnon sur ses lunettes, vint m'étudier sur toutes les coutures. A la question : « Quel est votre état ? » je répondis : « Je suis étudiant en droit. » Au besoin, j'aurais pu exhiber ma carte d'immatriculation à l'université de Tubingue. De guerre lasse, il se décida à prendre une feuille de papier, timbrée du sceau de l'amirauté, et me donna, moyennant la modique somme de 2 francs, la permission de visiter les chantiers, les ateliers et le port. « Soyez tranquille, lui dis-je, je n'emporterai pas de frégate dans ma poche. »

Les chantiers de Wilhelmshaven, que des murs et de hautes palissades mettent à l'abri des regards indiscrets, et que des retranchements avancés protègent contre les boulets des flottes ennemies, n'ont pas moins de deux lieues de circonférence. Neuf portes, gardées par des matelots qui tiennent une grosse hache, y donnent accès. Les ateliers ont des proportions colossales. Plus de dix mille ouvriers y sont occupés à forger l'acier, à scier le bois ; des machines à vapeur perfectionnées travaillent avec une activité double et triple de l'activité humaine. Elles percent d'un coup de dent des blindages de fer épais de 34 centimètres. Cinquante forges, continuellement allumées, ouvrent leur gueule de feu. Le bruit est assourdissant. On se croirait sous l'Etna, chez les Cyclopes.

Matelot allemand.

Deux grandes frégates cuirassées sont en ce moment en construction ; une sentinelle m'empêche de m'en approcher. L'une, le *Grand-Électeur*, porte déjà une cuirasse de 22 centimètres d'épaisseur ; elle jauge 6,700 tonnes, et la force de sa machine est de 5,400 chevaux. Son équipage sera de 600 hommes ; le magasin aux provisions contiendra des vivres pour trois mois et de l'eau pour un mois. Cette frégate sera, en outre, pourvue d'un appareil destiné à la distillation de l'eau de mer.

Les chantiers de Wilhelmshaven passent pour les plus beaux et les plus complets du monde. Je n'aurai garde d'y contredire, ayant visité fort peu de ports militaires. Ce qui frappe avant tout ici, c'est la puissance de volonté qui a fait surgir ces immenses constructions et toute cette ville d'une plage déserte et battue par les flots. Il y a dix ans, Wilhelmshaven n'était pas même un hameau de pêcheurs; son nom n'existait pas. Quand, en 1852, le rêve de créer une flotte allemande s'évanouit, à la suite de dissensions intestines, la Prusse résolut de se mettre seule à l'œuvre, malgré l'exiguïté de ses ressources et les difficultés qu'elle devait rencontrer. La plus grande était de trouver un port qui remplît toutes les conditions voulues. Un port militaire doit être assez profond pour permettre aux navires de toutes dimensions et de tous tonnages de mouiller par tous les temps; il doit, de plus, être à l'abri de la fureur des éléments, et, par sa situation stratégique, permettre la construction de forts qui protègent les chantiers contre un bombardement.

Les côtes de la mer Baltique n'offraient pas de point favorable.

La Baltique est une mer encaissée, où les tempêtes sont d'une extrême violence. Le rivage est plat ou hérissé de rochers. Dans la mer du Nord, les embouchures de l'Elbe, du Weser, de la Jade et de l'Ems convenaient parfaitement à l'installation d'un port militaire. Mais les sentiments particularistes des petits États, surtout du Hanovre, empêchèrent ce choix. Le duché d'Oldenbourg, seul, se montra disposé à seconder la Prusse dans ses efforts, et conclut avec elle, en 1853, une convention, d'après laquelle elle lui cédait les côtes de l'embouchure de la Jade, moyennant une indemnité de 500,000 thalers. La Prusse s'engageait en outre à construire des routes et un chemin de fer. Trois années d'études, de sondages et de mesurages dans la baie de Jade donnèrent de bons résultats. Les travaux commencèrent en 1858. Mais l'année suivante un ouragan détruisit les digues construites à grands frais, et les chantiers furent inondés. Les travaux étaient à recommencer. Pour surcroît de malheur, la fièvre des marais décimait les travailleurs.

Ce qui frappe le plus en parcourant ces vastes chantiers, ces magasins d'approvisionnement et d'armement, c'est moins l'entassement de matériaux et de canons, de boulets et de torpilles, que la fiévreuse activité qui y règne. Je conseille à ceux qui rêvent de longues années de paix d'essayer une petite excursion à Wilhelmshaven et à Essen, ou seulement dans les forteresses de l'Ouest. Le peuple allemand, on ne peut le mettre en doute, désire la paix ; mais si M. de Bismarck partageait ces sentiments, verrions-nous des milliers de bras occupés à construire des vaisseaux et à fondre des canons ? Verrait-on les dépôts d'armes se remplir, les fabriques de poudre et de conserves travailler jour et nuit, partout des fortifications nouvelles s'élever comme sous la baguette d'un diabolique enchanteur ?

Il faut trois heures pour visiter les chantiers de Wilhelmshaven. Le chemin de fer arrive jusqu'au port de guerre intérieur (*Kriegshafen*), et le met en communication directe avec l'usine Krupp, qui fournit tous les canons. On sait que M. Krupp est parvenu à fabriquer des blindages qui surpassent en solidité tous les blindages employés jusqu'ici. Quant aux canons monstres qui arment la flotte allemande, ils n'ont pas moins de 30 centimètres et demi de diamètre ; leur charge de poudre est de 120 livres, et les projectiles qu'ils lancent pèsent de 300 à 305 kilogrammes. On fait continuellement des expériences sur d'énormes bouées qui représentent les meilleurs navires cuirassés de la flotte française.

Les deux môles qui protègent l'entrée du port de Wilhelmshaven sont construits sur pilotis et en pierre. Ils ont 700 pieds de long et ils s'élèvent à 28 pieds au-dessus de la surface de la mer. L'avant-port, auquel conduisent les deux môles, a une longueur de 500 pieds sur 400 pieds de largeur ; sept ou huit grands vaisseaux cuirassés y tiennent à l'aise. L'avant-port peut se fermer à volonté par des portes en fer assez semblables à celles des écluses de nos canaux. Quand on pompe l'eau restée dans le bassin, le bâtiment est promptement à sec. Un canal de 3,600 pieds et large de 216 relie l'avant-port au grand bassin et au port de guerre proprement dit. Le *Kriegshafen* mesure 1,200 pieds de longueur sur 750 de largeur. Les deux grands docks qui sont attenants ont 440 pieds de long sur 84 pieds de large.

La création de ce port gigantesque avait déjà coûté, en 1869, 11,500,000 thalers. Depuis lors, et surtout depuis la dernière guerre, les travaux qu'on y a faits et que l'on continue ont englouti plusieurs millions. Quatre casernes neuves s'élèvent à gauche du port, ainsi qu'un lazaret, avec 600 lits, et une église fondée par feu la reine mère de Prusse. A vingt minutes se trouve une cité ouvrière composée d'une cinquantaine de petites maisons, entourées d'un jardinet desséché par les vents.

Ce qui rend particulièrement coûteux l'entretien du port de Wilhelmshaven, c'est le curage des anses du littoral que le sable comble en s'amoncelant, ce qui recule la limite des eaux. Cependant l'inconvénient n'est pas si grand qu'on le prétend, et le danger d'un véritable ensablement n'est guère à redouter.

La marine allemande compte aujourd'hui six amiraux, soixante-treize capitaines, quatre-vingt-treize capitaines-lieutenants, cent cinquante-cinq lieutenants et cent vingt-huit aspirants. L'empereur est le chef suprême de la flotte, comme il est aussi le chef de l'armée. L'amirauté, qui relève directement du souverain et du chancelier, est organisée sur les mêmes bases que le ministère de la marine en France. Il y a deux divisions de matelots, l'une à Kiel, l'autre à Wilhelmshaven ; elles se recrutent parmi les populations des côtes ; on y compte environ 200 volontaires qui ne font qu'un an de service. L'artillerie de marine, seule, tire ses éléments de l'intérieur du pays.

L'instruction, à bord des vaisseaux allemands, est strictement réglée par les programmes officiels.

A cinq heures du matin, réveil ; les matelots disposent de vingt minutes pour les soins de propreté ; à cinq heures vingt, ils nettoient le pont du navire ; à sept heures, déjeuner ; à sept heures quarante, manœuvres du matin ; parade à huit heures ; à huit heures trente, rapport ; à neuf heures, inspection ; de neuf à onze heures et demie, et de deux à quatre heures, exercices divers ; à cinq heures, simulacre de combat. Quand le mauvais temps empêche les manœuvres en plein air, les officiers réunissent leurs hommes et leur enseignent les principes de la discipline et le maniement des armes à main.

Kiel et Dantzig ont pris un développement presque aussi considérable que Wilhelmshaven. A Dantzig, on a creusé des canaux, on a construit des ponts, on a construit aussi des docks en fer. A Ellerbeck, près de Kiel, on a creusé deux grands bassins, et l'on vient d'achever trois docks.

Swindemunde, à quatre heures de Stettin, était, au temps de Frédéric, un pauvre petit village de pêcheurs ; aujourd'hui, c'est un port fort beau qui compte plus de

8,000 habitants. C'est le pendant de Wilhelmshaven. Deux forts protègent la rade de Swindemunde et deux môles empêchent qu'elle ne s'ensable. Swindemunde est en outre une station balnéaire très fréquentée.

L'observatoire de marine dans l'île de Vangeroog est un bureau télégraphique.

On a enfin formé une section spéciale de *torpilleurs*. Les expériences les plus curieuses ont été faites depuis deux ans avec les torpilles perfectionnées. La marine allemande est arrivée à pouvoir se servir des torpilles en pleine mer et comme projectiles offensifs (*in offensiven sinn*). C'est en vue de cette guerre (*tropedokrieg*) qu'on a construit une si grande quantité de bateaux torpilleurs.

Les côtes de la mer Baltique sont du reste protégées par des travaux de toute espèce. D'énormes canons, couchés sur le sable comme de fidèles chiens de garde, sont non seulement chargés d'aboyer à la vue des flottes ennemies, mais de cracher contre elles de petites dragées de 500 livres. Des redoutes qui flanquent les embouchures des fleuves avertissent l'étranger qu'il faut parler au concierge ; celui-ci a dans la main, en guise de cordon, les fils télégraphiques qui courent le long du littoral.

Kiel, cette capitale de la province prussifiée du Schleswig-Holstein, est la station habituelle de la plus grande partie de la flotte allemande. Le port de Kiel est très vaste et très beau ; on dirait le lac Léman, moins les montagnes. Les plus grands navires peuvent venir mouiller comme des bateaux de pêcheurs tout contre les maisons de la ville. A l'entrée du golfe, à une heure de la ville, s'élève la forteresse de Friedrichsort, défendue par d'autres forts, et à laquelle on travaille activement en ce moment. Pendant la guerre de 1870-1871, Friedrichsort fut armé provisoirement de canons à longue portée. Un petit vaisseau, *le Renold,* était mouillé en avant du port, prêt à être coulé en travers de la passe, déjà si bien défendue par trois estacades en bois, plusieurs rangées de torpilles et des barrages formés avec de solides filets de pêche. Le vice-amiral Bouët-Willaumez ne tenta pas de forcer le passage pour arriver à Kiel. Il lui aurait fallu pour opérer avec succès beaucoup de choses qui lui manquaient : des chaloupes canonnières, des batteries flottantes, et surtout des troupes de débarquement. Pour arriver devant Kiel même, la flotte française aurait dû passer sous les feux plongeants des forts élevés le long du rivage, à plus de 30 mètres de hauteur.

Kiel possède une

Exercices de manœuvre à bord d'un navire allemand.

excellente école de marine et une école pour les officiers de pont et les mécaniciens. Un décret du 5 mars 1872 a institué, en outre, à Kiel une académie de marine pour les officiers.

La population de cette ville qui, en 1864, n'était que de 18,695 habitants, était au 31 décembre 1871 de 32,899.

Kiel est destiné à devenir le port de guerre le plus important du nouvel empire.

L'an dernier, Kiel a reçu un canon de 28 centimètres; cet engin formidable, qui sortait des usines d'Essen, est installé dans la citadelle de Friederichsort, et ce n'est pas sans peine qu'on a réussi à le mettre en place. On a dû le transporter au moyen d'un remorqueur spécial et d'une locomotive routière construite tout exprès. Les forts Falkenstein, Stosch et Molsenort protègent Kiel du côté de la mer; il reste à garnir cette place de premier ordre du côté du continent.

A Kiel, comme à Wilhelmshaven et à Friederichsort, les casemates, les casernes, les ambulances et les arsenaux sont complètement terminés. Ces villes sont aujourd'hui, selon l'expression d'un écrivain allemand, « de vastes colonies militaires ».

Quels furent les commencements de la marine allemande?

L'histoire en main, je vais vous l'apprendre. Les premiers Allemands furent des corsaires. Frédéric-Guillaume avait enrôlé un entrepreneur de piraterie, Hollandais de nationalité, nommé Benjamin Raule, et lui avait octroyé des lettres de prise. Raule fit d'excellentes affaires en poursuivant les vaisseaux suédois dans la Baltique et la mer du Nord. Frédéric-Guillaume paya ses services, pour quatre mois, 135,000 florins.

La Prusse contractait déjà l'habitude de prendre sur

DE L'ALLEMAGNE DU NORD

mer et sur terre. Ce petit État n'avait alors que 1 million 500,000 habitants; il en a aujourd'hui 24,642,200.

Frédéric II créa, en 1758, une petite flotte pour protéger les îles d'Usedom et de Wollin contre les Suédois; mais sous ses successeurs la marine prussienne dépérit, faute d'argent. Ce ne fut qu'en 1848 qu'elle reçut une impulsion inattendue. On décréta la création d'une marine allemande nationale; on mit dans toutes les brasseries des troncs avec cette inscription : *Pour la flotte alle-*

Un mousse allemand.

mande. On organisa des loteries, des tombolas. Les jeunes filles brodèrent beaucoup de pantoufles et les poètes firent beaucoup de vers. Des spéculateurs de Hambourg profitèrent de la bonne occasion pour vendre, sous le masque du patriotisme, à un prix fort élevé, deux grands vaisseaux à roues, en bois, complètement hors de service. On construisit aussi à la hâte, avec du bois vert, des bateaux de forme grossière, auxquels on donna le nom de chaloupes canonnières, et un grand navire de guerre qui fut baptisé *l'Allemagne.* La carrière de *l'Allemagne* fut peu glorieuse; ce navire, qui ne combattit jamais que contre les vagues de la mer du Nord, était d'une solidité si douteuse, qu'on jugea prudent de le vendre aux enchères.

Lors de la guerre du Danemark, il suffit de quelques petites frégates à voiles, de quelques corvettes montées par des gens assemblés à la hâte et peu aguerris, pour chasser de la mer du Nord et de la mer Baltique toute la marine des États allemands. Cinq ou six croiseurs danois bloquèrent les côtes de Memel à Emden ; et le commerce maritime de Dantzig, Kœnigsberg, Stettin, Stralsund, Rostock, Lubeck, Kiel, Flensbourg, Hambourg, Altona, Brême, fut interrompu pendant toute la durée de la guerre.

En 1864, la face des choses avait déjà changé. La flotte prussienne était assez forte pour empêcher les vaisseaux danois d'entreprendre le blocus des côtes.

Après la guerre de 1870-1871, on lui a reproché sa timidité. Elle se tint prudemment retranchée dans les ports de Wilhelmshaven et de Kiel, derrière une triple rangée de torpilles, et sous la protection des batteries de terre. Toutes les stations maritimes étaient reliées par des fils télégraphiques. Le rôle de la télégraphie a été considérable dans les dernières campagnes de la Prusse. L'unité de conduite n'a pu être maintenue que grâce au télégraphe. M. de Moltke dirigeait l'invasion comme un habile machiniste. « Si en 1813, a dit le major Blum, en parlant de la télégraphie de campagne, Napoléon avait pu communiquer par le télégraphe avec Macdonald, Ney et Oudinot, et leur prescrire de cette façon ce qu'ils avaient à faire, il eût notablement retardé la victoire des puissances alliées. »

Il m'a suffi de causer avec quelques officiers et sous-officiers de marine pour me convaincre combien la flotte allemande brûlait du désir de faire parler d'elle et de prendre sa revanche. Le capitaine Werner, qui envoya une douzaine d'obus sur les côtes d'Espagne, est adoré de toute la flotte. « C'est le premier qui a osé montrer ce que nous sommes ! » me disait un enseigne.

Un officier, qui se trouvait à table à côté de moi, me disait aussi : « Notre flotte, en tout ce qui concerne la construction, l'armement et l'équipage, ne laisse plus rien à désirer. Il y a vingt-cinq ans, elle était un objet de raillerie aux yeux de l'étranger ; aujourd'hui, elle ne redoute aucune flotte du continent. La Russie compte dans la Baltique 29 vaisseaux cuirassés dont 12 corvettes, et 98 vaisseaux à vapeur simples, 5 vaisseaux de ligne, 9 frégates et 12 corvettes ; mais nous, nous possédons les 11 plus grands vaisseaux cuirassés qui existent. Nous en resterons probablement là : car ces monstres de fer, qui suppriment le courage, n'ont pas encore fait leurs preuves. On en reviendra, vous verrez, à des vaisseaux tout petits, légers et bons coureurs. »

Le même officier me racontait que pendant tout le temps que la flotte française croisa devant la petite île de Wangeroog, le propriétaire du nouvel établissement de bains fit dresser chaque matin la table, avec une bouteille de champagne pour chaque couvert : « Je connais les Français, disait cet hôtelier intelligent ; ce sont des gens qui aiment à bien boire et bien manger ; si je les reçois en amis, ils ne me feront pas de mal. »

Et c'est ainsi que la flotte française a manqué un bon dîner [1].

[1]. Ce chapitre et les deux chapitres qui le précèdent sont extraits des *Prussiens en Allemagne*, par Victor Tissot, 1 beau volume de 400 pages. — Dentu, éditeur.

XIV

KŒNIGSBERG

Maintenant que nous avons visité les principaux ports de la mer du Nord, conduisons nos jeunes lecteurs sur les bords de la Baltique, à Kœnigsberg.

Comme Breslau et Potsdam, Kœnigsberg peut s'enorgueillir du titre de capitale et de résidence royale.

Potsdam, on le sait, doit ses prérogatives au voisinage de Berlin, et à l'auréole de gloire de Frédéric le Grand, qui y créa son Sans-Souci. Par son étendue et par le chiffre de sa population, Breslau occupe, comme ville industrielle et commerciale et comme ville universitaire, le second rang parmi les villes prussiennes. La consécration de Kœnigsberg comme capitale du royaume remonte à l'époque où le roi Frédéric-Guillaume III la choisit pour résidence, après la bataille d'Iéna. C'est de cette ville qu'il lança le fameux appel à son peuple, auquel la nation prussienne répondit en se levant tout entière comme un seul homme, pour secouer le joug de Napoléon. Avec le temps, Kœnigsberg s'est tellement agrandie qu'après Berlin et

Breslau, Cologne est la seule ville du royaume qui compte une population plus nombreuse que la sienne. Aujourd'hui, c'est une des villes les plus commerçantes du Nord, en même temps qu'une forteresse redoutable. Dans l'histoire, sa place est avant Breslau et Potsdam, et l'éclat de son lustre efface presque la gloire de Berlin. C'est donc à juste titre qu'on l'a désignée comme la seconde capitale et la seconde résidence royale de la monarchie. C'est en effet la capitale de cette province de Prusse, création des chevaliers Teutoniques qui fut le berceau de la monarchie prussienne, et où s'est conservé l'esprit germanique dans toute sa pureté; c'est aussi la patrie du philosophe Kant.

Depuis 1457, les grands maîtres de l'ordre Teutonique résidaient à Kœnigsberg, ville dépendant du royaume de Pologne dont ils étaient vassaux, en même temps qu'ils relevaient de Rome en leur qualité de chefs d'un ordre catholique. Albrecht de Brandebourg, issu d'une branche collatérale de la maison royale de Brandebourg, comprit qu'avec la réforme prêchée par Luther une ère nouvelle s'ouvrait pour l'Allemagne. Il embrassa donc la religion du réformateur, et avec le consentement de son suzerain, le roi de Pologne, transforma la province de Prusse, patrimoine de l'ordre Teutonique, en un archiduché laïque. Ce changement eut lieu en 1525, malgré les protestations des chevaliers. La Réforme fit de si rapides progrès en Prusse que Luther, transporté de joie, écrivait à son ami Spalasin : « Regarde donc cette merveille ! La Prusse vogue à pleines voiles dans la voie de l'Évangile. » Avec l'ère nouvelle, un mouvement intellectuel nouveau s'était produit dans les esprits, et, pour lui donner une base scientifique, Albrecht fonda l'université de Kœnigsberg, qui porte encore son nom.

Mais ce n'est pas seulement au point de vue intellectuel

que Kœnigsberg prit du développement, elle étendit aussi ses relations commerciales malgré la rivalité de Dantzig. Cette ville, la capitale de la Prusse occidentale, voyait, en effet, d'un œil jaloux les progrès de sa sœur cadette de la Prusse orientale. Dans le principe, elle avait su attirer à elle tout le commerce de la Baltique, favorisée en cela par sa position à l'embouchure du Weichsel, et surtout par la longue chaîne de dunes qui s'étendait sans interruption depuis ce fleuve jusqu'à la presqu'île de Lamsand sans offrir un seul port. Le Frische-Haff ne formait alors qu'un simple lac. Tant que les dunes furent couvertes d'épaisses forêts, elles n'éprouvèrent aucun changement; mais à mesure que celles-ci disparurent, le sable s'effrita, et des trouées comme celle de Pissau se produisirent. Dès lors, Kœnisgberg eut un libre accès à la mer, et, devenue ville maritime, elle l'emporta sur sa rivale, ainsi qu'il convenait à la résidence des archiducs de Prusse.

Quand la lignée d'Albrecht s'éteignit en 1618, le grand-duché de Prusse passa à la branche des Hohenzollern, c'est-à-dire aux princes électeurs de Brandebourg. Ce fut pour lui le point de départ d'un nouvel agrandissement : car, dès que le Grand Électeur en fut en possession, il revendiqua son indépendance les armes à la main, et triompha du roi de Pologne son suzerain. C'est ainsi qu'il ouvrit le chemin par lequel son fils devait monter sur le trône de Prusse sous le nom de Frédéric Ier.

Ce dernier événement arriva en 1701, et Kœnigsberg fut choisie pour le couronnement.

De même que la citadelle bâtie, quatre cents ans plus tôt, par Charlemagne à l'embouchure de l'Elbe est devenue le berceau de la puissante ville de Hambourg, de même le château de Kœnigsberg a été le berceau autour duquel se groupèrent peu à peu les éléments d'une ville qui finit par étendre son enceinte sur tous les bourgs et villages environnants.

La ville de Kœnigsberg est bâtie sur les deux bords du Pregel, dans une plaine ouverte de tous côtés. Néanmoins le sol de la rive droite, sur laquelle se trouve la partie la plus considérable de la ville, semble aller en s'élevant à mesure que l'on s'éloigne du fleuve, de sorte que les rues paraissent en pente.

Le Pregel roule un volume d'eau important, et bien plus considérable que celui de la Pegnitz, qui passe à Nuremberg, ou de la Pleisse, qui passe à Leipzig. Avant d'arriver à Kœnigsberg, le Pregel se divise en deux bras, dont l'un va arroser les faubourgs du sud, puis ses deux bras se réunissent dans la ville après avoir formé l'île de Kneiphof.

Au milieu de cette île qui est le quartier commerçant de Kœnigsberg, se trouvent les nouveaux bâtiments de la Banque vis-à-vis l'ancienne cathédrale, bâtie en 1322 par Lothaire de Brunswick, grand maître de l'ordre des chevaliers Teutoniques.

L'Altstadt (la ville industrielle) et le Lœbenicht (la ville des brasseurs) sont situés sur les pentes de la rive septentrionale du Pregel. Dans ces deux quartiers, les rues étroites et inclinées sont bordées de maisons d'un autre âge. Cependant l'influence des temps nouveaux s'y est fait sentir et on y trouve de l'espace et de la lumière. Une place ombragée de beaux arbres et de superbes bosquets remplace l'ancienne église de l'Altstadt dont un bloc de granit consacre seul aujourd'hui le souvenir. Mais rendons-nous d'abord au château royal qui dresse devant nous sa masse sombre et sévère. Aujourd'hui, il en subsiste plus que l'aile septentrionale de l'ancienne

Kœnigsberg.

forteresse des chevaliers, le reste a été reconstruit au seizième siècle.

Pénétrons d'abord dans l'église, qui occupe le rez-de-chaussée de l'aile occidentale. C'est là que furent couronnés rois Frédéric Ier, et soixante ans plus tard Guillaume Ier, actuellement empereur d'Allemagne. Aux murs sont fixées des tables commémoratives sur lesquelles on a inscrit en petits caractères les noms de tous les soldats nés dans les provinces de Prusse, qui ont versé leur sang pour la patrie en 1813, 1866 et 1870-71.

En 1813, ce fut le fils du bourgmestre de Kœnigsberg, nommé Heidemann, qui commanda le premier régiment de chasseurs volontaires ; ce sont encore les provinces de Prusse qui furent le berceau de la landwehr.

L'immense salle des Moscovites, longue de 82 mètres et large de 28, se trouve au-dessus de l'église ; au-dessous est le *Blutsgerich* (tribunal de sang), qui n'a d'effrayant que son nom : car c'est là que sont installés les pressoirs d'où sort le vin qui est conservé dans les vastes caves du château.

Du sommet de la tour, on découvre tout Kœnigsberg et ses environs.

Quelle vaste et admirable perspective de cette hauteur de 300 pieds, et quelle variété d'aspects ! Là-bas, dans le lointain, ce sont les pignons pointus du Lœbenicht et ses rues étroites et profondes où l'œil peut plonger à son gré. Ici, plus près, ce sont les vastes magasins des deux rives du Pregel ; puis, au delà, c'est le fleuve, qui, de ses deux bras, enserre l'île de Kneiphof ; enfin, tout à fait sous nos pieds, c'est la surface miroitante du lac du château, qui ressemble à une glace encadrée de bouquets d'arbres et de jardins. On dirait un coin d'un tableau. Du côté opposé, au sud et au sud-ouest de Kneiphof, s'étendent sur la rive gauche du fleuve les faubourgs de Haberberg et de Nasse-Garten. Comme pour faire contraste aux masses sombres des maisons de l'Altstadt, de ce côté tout est gai et clair, ce sont de longues rues coupées par de vastes places. Enfin, tout à fait à l'extrémité occidentale de la ville, se dressent les constructions monumentales de la gare de l'Est et de la gare du Sud. Ces deux gares sont admirablement situées, toutes les deux sur le bord immédiat du fleuve, de sorte que les voies de transport, terrestres et fluviales, se joignent et se soudent pour ainsi dire les unes aux autres. Les longs convois de voitures apportent leurs marchandises jusque sur la rive du fleuve où des navires les attendent. Le va-et-vient des navires grands et petits, qui montent et qui descendent le fleuve et s'engagent dans ses deux bras, donnent à cette partie de la ville un aspect des plus vivants et des plus gais.

Mais voici des navires à vapeur et des bâtiments à voile qui attirent nos regards vers l'horizon. Suivons d'ici le cours du Pregel, qui, après avoir réuni ses bras, sort de Kœnigsberg à Hollænderbaum et va se jeter à deux lieues plus bas dans le Haff. Derrière cette immense surface miroitante, semblable à celle d'une mer intérieure, nous distinguons la mince langue de terre sur laquelle est bâti Pissau, le port extérieur de Kœnisgberg, où les navires de fort tonnage viennent décharger leur cargaison. Pissau est situé juste au point de jonction du Haff et de la mer Baltique, de sorte qu'il commande celle-ci; Kœnigsberg en est à une douzaine de lieues. Par bateau à vapeur on s'y rend en huit heures; en chemin de fer, il ne faut que une heure trois quarts. Les panaches de fumée qui flottent derrière les navires et les convois de chemin de fer font un effet pittoresque et permettent d'apprécier la différence de rapidité qui existe entre les transports par eau et les transports par terre. C'est aussi un point de vue intéressant que celui de cette fertile terre de Sama s'étendant avec ses forêts, ses lacs, ses collines, au nord de Kœnigsberg, et s'avançant dans la mer comme une presqu'île. Kœnigsberg, situé dans une plaine unie, possède ainsi à proximité un pays aussi accidenté, qui offre presque autant de beautés naturelles que nombre de vallées de la Suisse et du Tyrol.

Si maintenant nous portions nos pas vers le faubourg de Hufen, nous y verrions la modeste maison de campagne où, après les malheureuses années de 1806 et 1807, l'infortuné couple royal, Frédéric-Guillaume III et sa femme, la reine Louise, retirés dans la vieille ville royale, avaient fixé leur résidence d'été. C'est dans le jardin qui entoure cette maison que la reine aimait à se tenir avec ses enfants. On pouvait la voir, assise pendant des heures, sur un simple banc de bois, occupée à des travaux d'aiguille. Du point élevé où se trouvait le banc, la reine promenait ses regards sur la vaste plaine qu'arrose le Pregel, et suivait le cours de ce fleuve jusqu'au Frische-Haff où, à l'horizon, la terre et l'eau se confondent. En 1872, l'empereur Guillaume a acheté ce terrain et l'a fait transformer en un parc magnifique, dont l'entrée est ouverte au public.

Un tilleul a été planté à la place favorite de la reine Louise.

En 1874, on a élevé autour de cet arbre un banc semi-circulaire de dimensions monumentales, qui porte en son milieu un médaillon de marbre de Marie-Louise.

Mais il nous reste encore beaucoup de choses intéressantes à voir dans l'intérieur de la ville, avant de nous promener au dehors. Descendons de la tour et arrêtons-nous en passant devant la statue de grandeur naturelle de Frédéric Ier. Si de là nous nous rendons dans la Kantstrasse (rue de Kant), nous y verrons du côté nord le monument élevé à la mémoire du grand philosophe. C'est une statue en bronze sur un socle de granit : elle représente le grand penseur, dans sa trentième année, alors qu'il était dans toute la force de l'âge.

Transportons-nous maintenant dans une rue voisine, dans la Prinzessinnenstrasse : nous y voyons la demeure du philosophe ; sur la porte une plaque de marbre avec cette inscription : *Ici habita le savant Kant, de 1788 à 1803*. Vis-à-vis s'élève, formant un fer à cheval, le superbe hôtel des Postes qui date de 1848-1849.

De l'église d'Altstadt, la Theaterstrasse, longue seulement de quelques pas, va nous conduire à la place d'Armes, ou plutôt place de l'Université (autrefois elle portait le nom de jardin du Roi), ornée de beaux jardins ; au nord est le théâtre, et au nord-ouest le palais de l'université. Ce dernier, construit dans le style de la Renaissance d'après les plans de Hülers, est véritablement grandiose avec son superbe portique. Au milieu du frontispice, on remarque en haut-relief la statue équestre de l'archiduc Albrecht, fondateur de l'université ; on y voit aussi, dans des niches, les statues de Luther et de Mélanchthon, emblèmes non équivoques de l'esprit qui a présidé à la fondation de cet établissement ; enfin tout en haut, sous les frises, sont quatorze médaillons représentant les plus fameux professeurs de cette école. L'intérieur du palais renferme soixante-deux salles grandes et petites. La voûte de la salle principale est constellée d'étoiles d'or, ses murs latéraux sont ornés de fresques représentant allégoriquement l'Art et la Science. La première pierre de ce superbe édifice fut posée en 1844 par le roi Frédéric-Guillaume IV, à l'occasion du troisième centenaire de l'université ; les travaux ne furent terminés que sous le règne de Guillaume Ier, et les nouveaux bâtiments furent inaugurés en 1862 par le prince Frédéric-Guillaume, son fils, en qualité de tuteur de la nouvelle université.

Le centre de la place est orné de la statue équestre de Frédéric-Guillaume III, en bronze, haute de quinze pieds et demi. Le piédestal est orné de bas-reliefs rappelant les divers événements qui ont accompagné le relèvement intérieur et extérieur de la Prusse, de 1808 à 1815, et porte en outre comme inscription :

« A leur roi les Prussiens reconnaissants, 1841. Son exemple et ses lois nous ont rendus forts pour l'affranchissement de la patrie. A lui nous devons de jouir des bienfaits de la paix ! »

Le roi Frédéric-Guillaume a été représenté par l'artiste en général victorieux ; sa tête est ceinte d'une couronne de lauriers, et sur ses épaules flotte le manteau royal.

Nous ne nous arrêterons point devant le théâtre, qui n'a aucune prétention architectonique, et nous irons immédiatement visiter le lac du château. Les Kœnisbergeois se montrent fiers, et avec raison, de posséder cette belle pièce d'eau au milieu de leur ville. Si les vertes terrasses étagées sur ses bords, et dont les arbres et les bosquets se mirent gracieusement dans les eaux ; si la lumière des becs de gaz qui, pendant les tièdes soirées d'été, se reflètent à sa surface que trouble seule une flottille d'élégantes embarcations, ne font point de ce lac le rival de l'Alsterbassin de Hambourg, ce n'en est pas moins un beau morceau de poésie jeté au travers du sentier poudreux de la vie de chaque jour. En hiver, le miroir de glace qui recouvre ses eaux en fait le rendez-vous des patineurs des deux sexes; les spectateurs s'y portent aussi en foule, et on ne voit sur ses bords qu'échoppes où les réconfortants liquides et solides abondent. Près de là se trouve le jardin vivant et bruyant de la Bourse, où, les jours de concert, vient se montrer tout le beau monde de Kœnigsberg.

En quittant les bords du lac, dirigeons-nous, en traversant la place du Rossgartener-Markt, vers Kœnigstram, où se trouve la haute colonne en fer élevée à la mémoire du premier président et ministre d'État von Schœn. Cette colonne est en face de l'Académie de peinture, qui renferme une collection choisie d'œuvres d'artistes modernes, entre autres : la *Nuit de la Saint-Barthélemy*, de P. Delaroche. Dans la même rue est la bibliothèque de l'université, qui compte environ 250,000 volumes, et entre autres un grand nombre de manuscrits, parmi lesquels on remarque ceux de Luther. La Kœnigstrasse conduit à la porte Royale, où l'on voit les trois statues de Ottokar, roi de Bohême, de l'archiduc Albrecht et de Frédéric Ier.

Kœnigsberg étant une forteresse de premier ordre, on a dû, naturellement, vu les progrès de la balistique, mettre tout en œuvre pour assurer sa sécurité. Néanmoins, on a su, dans ces constructions colossales, allier le beau à l'utile et faire de véritables monuments. Avant 1840, la ville était presque entièrement ouverte, puisqu'elle ne possédait qu'un petit fort situé au point désigné sous le nom de *Hollænderbaum*. Les travaux entrepris pour les fortifications qui existent aujourd'hui ont été commencés en 1843, et depuis lors ont été continués jusqu'à l'heure actuelle. Ces fortifications consistent en un mur principal d'enceinte, en cinq forts détachés et en soixante-douze batteries. Outre la porte Royale dont nous venons de parler, il y en a encore d'autres : la porte Sackheim, où l'on voit représentés les généraux von York et Bülow; la porte Rossgarten, ornée des bustes des généraux von Scharnhorst et Gneisenau; et enfin la porte de Steindamm où se trouve la statue de Frédéric-Guillaume, le créateur des fortifications. Les tours de Drohna et Wrangel ont une fière attitude qui semble défier l'ennemi. Kœnigsberg a cet avantage que, contrairement à ce qui existe pour Magdebourg, par exemple, son enceinte fortifiée pas plus que ses forts n'entravent son commerce, soit par terre, soit par eau.

Aux deux éléments de prospérité dont nous avons déjà parlé, c'est-à-dire son commerce et son université, cette ville en joint un troisième : l'élément militaire, de sorte qu'on peut dire qu'elle renferme dans son sein ce qui constitue l'universalité de la vie moderne. Autre remarque : le Kœnigsbergeois n'éprouve point cette antipathie caractérisée pour la raideur et la morgue militaires que l'on rencontre chez les habitants de Francfort et de beaucoup d'autres petites villes du sud de l'empire.

Les deux incendies, en 1839 et 1845, ont détruit les grands magasins qui s'élevaient sur les deux rives du Pregel. À ces constructions sans forme comme sans style des temps jadis ont succédé d'autres un peu lourdes, il est vrai, mais d'un goût simple, comme par exemple le nouveau dock aux grains. La grande grue en bois avec son treuil et ses formes massives a, elle aussi, fait place à une élégante grue en fer. Les maisons d'éducation et les institutions de bienfaisance ne sont pas non plus restées en retard, et comptent aujourd'hui un bon nombre d'édifices superbes, comme l'hospice des Sourds-Muets, l'institut des Aveugles, le gymnase (collège) de l'Altstadt, la clinique, le laboratoire de chimie, l'École supérieure du Lœbenicht. Il est vrai que tous ces édifices, qui presque tous sont des palais, sont comme noyés dans un amas de vieilles maisons. La ville de Kœnigsberg ne possède pas un de ces superbes quartiers comme sortis, tout d'une venue, des mains de nos ouvriers modernes, tels que ceux du vieux et du nouveau Iungfernstieg, à Hambourg; mais aussi elle n'a point eu à déplorer un de ces incendies immenses, comme celui dont Hambourg a tant souffert. Moins riche que cette dernière ville, Kœnigsberg, qui n'a pas encore fini de liquider la dette contractée pour payer l'écrasante imposition de guerre dont Napoléon l'a frappée, n'a pu se relever aussi vite. Mais ce qui lui manque au point de vue du progrès de son embellissement est largement compensé par la configuration du sol sur lequel elle est bâtie, par sa position sur les bords d'un fleuve, par l'ensemble de perspectives vraiment pittoresques dont on jouit de ses différents ponts qui sont au nombre de huit.

Que l'on se place en effet sur le Pont-Vert, le plus large et le plus remarquable de tous, celui qui relie Kneiphof au faubourg extérieur, et l'on jouira d'une vue véritablement imposante. Le Pregel, après s'être divisé en deux branches pour former l'île de Kneiphof, réunit la masse de ses eaux en une nappe large et profonde. Sur ses deux rives s'élèvent ces docks immenses qui, à gauche, se prolongent jusqu'à l'enceinte fortifiée, et à droite se terminent au bureau de douane du Hollænderbaum. L'entrepôt des douanes, l'hôtel des Messageries maritimes avec ses larges balcons, le nouveau palais de la Bourse viennent jeter une agréable variété dans l'aspect un peu monotone de ce côté de la ville. Vu de ce point également, le pont de Dreillis a quelque chose de grandiose.

Mais ce qui charme surtout l'œil du spectateur, c'est

le miroir uni et tranquille des eaux du Pregel, qui coulent lentement vers l'ouest, surface sans cesse changeante et cependant toujours la même. De chaque côté du pont sont amarrés des bâtiments à voile, venus d'Elbing ou d'ailleurs, et sur le pont desquels vont et viennent les matelots avec leurs chapeaux ronds, leurs grands gilets qui descendent presqu'au genou, leurs larges pan-

Chargement d'un navire.

talons de travail en toile grossière sous lesquels ils en portent un autre plus étroit en drap. Entre ces navires circulent de petites embarcations chargées les unes de fromages, les autres de pommes de terre, de sable blanc, etc. Dès qu'elles abordent, accourt leur clientèle ordinaire, composée de cuisiniers et de femmes du peuple. Chaque navire porte, à son plat-bord, un tableau sur lequel on peut lire le nom de son capitaine et celui de sa destination.

Ici c'est un passeur qui, pour un pfennig, vous fait traverser le fleuve et gagne le bord opposé avec une lenteur qu'on dirait étudiée.

Plus loin est un canot qui fend l'eau, rapide comme une flèche, sous l'impulsion vigoureuse du bras d'un matelot, pour qui ce frêle esquif semble un jouet d'enfant. Et, tandis que des bâtiments d'un plus fort tonnage et chargés à couler bas s'entre-croisent sur le fleuve, de longues et profondes gabares attendent, amarrées devant les docks, les trésors qu'elles transporteront jusqu'à l'entrée de la mer. Au-dessous de Hollænderbaum, ce sont des navires à l'ancre qui débarquent leur lest, mêlant ainsi le sol d'Amérique, de Norvège, de Danemark, de Hollande, etc., avec la terre de Prusse.

Là on entend l'allemand, l'anglais, le hollandais, le polonais, le danois s'entre-heurter dans l'air et, au milieu de cette confusion des langues, les gardiens des ponts et les inspecteurs des fortifications parviennent à se faire comprendre de tous.

Enfin, à côté des navires à formes élancées, se meuvent lentement les lourdes *vittinnes* qui apportent les produits naturels du grand empire voisin, ainsi que le froment, le bois, le chanvre du haut Pregel. Leur équipage est composé de Polonais rudes mais joyeux enfants de la nature, n'ayant pour tout vêtement qu'une chemise et un pantalon bouffant en grosse toile grise, et sur la tête une toque bordée de fourrure ou quelque vieux chapeau à haute forme, qu'on leur a donné en route. Une soupe aux pois ou à la farine, additionnée de morceaux de lard et de tranches de pain, fume dans une marmite, qu'on apporte au bout d'une barre de fer. On la verse dans un vase grossier, de forme allongée, ressemblant assez à une auge, et aussitôt le festin commence.

Puis, bientôt, les grincements d'un violon se font entendre, et l'équipage, tout entier à la joie, se met à danser. Alors, bras et jambes, regards, traits du visage, tout entre en jeu, pas un muscle du corps ne reste inactif. Seul le patron, qui souvent est propriétaire de l'embarcation, un fils d'Israël, paraît soucieux et rêveur; c'est qu'il suppute le bénéfice que va lui rapporter sa cargaison.

XV

LES PÊCHERIES D'AMBRE SUR LA BALTIQUE

La nature s'est montrée prodigue de paysages ravissants sur la côte de la Baltique, qui se trouve à une dizaine de lieues plus au nord de Kœnigsberg.

Ce n'est guère qu'à partir de l'invasion française qu'on a commencé à entrevoir, pour ainsi dire, la beauté des rivages de cette mer; et il a fallu que Lichtenberg mît en lumière l'influence bienfaisante de l'eau de mer sur l'organisme humain pour qu'on se décidât peu à peu à fréquenter les belles plages de la presqu'île de Sama. Dans ce canton reculé du nord de la Prusse, se trouve un village nommé Cranz, qui depuis quelques années s'est complètement métamorphosé.

Autrefois, il était habité par une centaine de pêcheurs à peine; aujourd'hui, c'est un bourg d'un millier d'âmes. Ses misérables cabanes en bois, dont bon nombre n'avaient pas même de cheminée, ont été remplacées par d'élégantes maisons possédant, avec le confort de la vie moderne, tout ce qui est nécessaire pour satisfaire aux exigences des citadines les plus capricieuses et les plus raffinées. De plus, l'industrie a su rompre la monotonie de cette plage et y réunir, pendant la saison des bains, tous les avantages et toutes les distractions que l'on trouve dans les villes. Cranz n'est qu'à trois heures de Kœnigsberg, avec laquelle il est directement relié par une route.

La plage, située au nord-ouest, est environnée de bords peu escarpés et, par conséquent, d'un accès facile aux malades; mais ce qui en fait surtout le mérite, c'est la douceur du flot, qui n'y arrive qu'en mourant, la pureté de l'eau et la qualité du fond de sable. L'affluence des baigneurs y est si grande que souvent on ne trouve pas à s'y loger. Malgré tous ces avantages, Cranz se voit préférer par beaucoup de Kœnigsbergeois la station de Neukunren, à quatre lieues plus à l'ouest. Dans cette dernière, la vie est moins chère et plus champêtre; en outre, on y est moins gêné par les exigences de l'étiquette. A l'époque des vacances, c'est le rendez-vous des employés de toute catégorie.

Neukunren se recommande surtout à ceux pour qui les jouissances du bain ne sont que secondaires, et qui recherchent plutôt les plaisirs de la villégiature, au milieu d'une belle nature ayant un cachet particulier. Ceux pour qui la marche n'est pas trop pénible trouvent dans ses environs une foule de points d'où la vue découvre des paysages ravissants.

Parmi ces buts de promenade, il faut citer en première ligne le Banchen et le bois qui l'avoisine. En poursuivant sa route un peu plus loin, en suivant les ondulations d'un terrain boisé d'un aspect aussi agréable que varié, on arrive à la perle du Samland, au majestueux Warnicken. Le Warnicken est une haute montagne qui s'élève à pic sur le bord de la mer. Sur ses flancs, coupés de ravins profonds et couverts d'une superbe forêt, s'entre-croisent en tout sens une foule de sentiers d'où l'œil du promeneur peut jouir à chaque instant de magnifiques échappées sur la mer. Quelquefois les vents la secouent, et alors les bar-

Tempête sur la Baltique.

ques et les marins qu'on aperçoit au large semblent sur le point d'être engloutis.

Un coucher du soleil, vu du Wolfsspitze, petit promontoire qui s'élève hardiment du sein des flots, est un des plus beaux spectacles de la nature qu'un homme puisse voir et qui surpasse en majesté tout ce que les Alpes ont de plus beau dans le même genre. Le grand Humboldt, lui-même, à qui cependant il avait été donné de contempler ce que la nature offre de plus grand et de plus majestueux dans l'univers, s'est arrêté un jour au Wolfsspitze, frappé et stupéfait devant cette scène imposante.

La partie de la côte qui sépare le Warnicken de Büsterort, village situé à l'extrémité de la pointe occidentale du Samland, où l'on a élevé un phare magnifique, jouit depuis quelques années d'une grande célébrité.

C'est là, en effet, qu'on pêche et qu'on extrait « l'or de la Baltique », c'est-à-dire l'ambre jaune.

Il a suffi du peu d'années qui se sont écoulées depuis la découverte de l'ambre dans ces parages pour que d'importantes constructions s'y élevassent; elles forment un gigantesque quadrilatère au pied du phare, car Büsterort est le centre de production de ce précieux minéral.

Ces bâtiments servent à loger tout le personnel de la compagnie concessionnaire de l'exploitation, employés et plongeurs. Cette compagnie y a installé également une école de plongeurs, une fabrique pour la confection des appareils spéciaux à son industrie, ainsi que son comptoir, ses magasins, ses écuries et ses remises.

La pêche de l'ambre ne peut se faire que par un temps calme, et lorsque la mer est paisible.

Quand une journée s'annonce comme devant être belle, la corne d'appel retentit de grand matin, et chaque plongeur s'empresse de répondre à ce signal.

La conduite des opérations est confiée à un capitaine de navire expérimenté.

Dès que tout le monde est réuni et que les préparatifs sont terminés, toute la troupe se rend au rivage, où l'attendent quarante magnifiques canots, mis à l'abri sous des hangars.

En un clin d'œil les embarcations sont à flot, et dix hommes prennent place dans chacune d'elles : ce sont d'abord quatre plongeurs qui se relèveront deux par deux, toutes les deux heures; puis quatre matelots chargés de manœuvrer la pompe qui sert à comprimer l'air; l'homme chargé de surveiller la ligne de sûreté des plongeurs, et enfin l'inspecteur.

Sur le Wolfsspitze.

Après s'être divisés par groupes, les canots se rendent sur les points qui leur sont désignés. Aussitôt qu'on y est arrivé, les plongeurs revêtent leurs scaphandres, costume dans la confection duquel n'entrent que du caoutchouc et du fer, et qui est d'une seule pièce, comme celui des Esquimaux.

Avec cet appareil, le plongeur a la tête recouverte d'un

capuchon portant sur le devant une espèce de masque ou de visière, avec trois ouvertures garnies de verres, afin que celui qui en est revêtu puisse voir suffisamment pour diriger ses mouvements au fond de la mer.

Sur le dos il a une petite caisse en métal; c'est un réservoir à air. Un tube de caoutchouc d'environ 13 mètres de long et dont une des extrémités lui pénètre dans la bouche le met en communication avec la pompe à air qui se trouve dans le canot. Enfin, aux pieds, il porte des semelles de plomb.

Avec un crochet en fer qui lui sert à retourner les grosses pierres qui cachent l'ambre, un sac suspendu à sa ceinture pour serrer sa récolte, et la ligne de sûreté qui est également attachée à sa ceinture, son équipement est complet.

Une fois leurs préparatifs terminés, deux plongeurs sautent ensemble à la mer à un signal donné.

Arrivés au fond, ils travaillent tantôt à genoux, tantôt debout. Toutes les fois que l'un d'eux remonte avec plus de trois livres d'ambre, il reçoit, à titre de gratification, 5 silbergros[1] par livre d'excédent.

Un mouvement imprimé à la ligne de sûreté avertit les gens du canot que le plongeur est tombé sur un bon endroit; deux secousses, que la récolte sera très abondante; trois, au contraire, font savoir qu'il désire remonter à la surface. De cette façon, il est presque impossible que des accidents se produisent, car les lignes ne quittent jamais la main de l'homme qui est chargé de les surveiller. Les plongeurs sont divisés en trois classes, d'après leur degré d'habileté. Ceux de la première reçoivent 1 thaler par journée de travail, et 15 silbergros

1. Le silbergros vaut 25 centimes de notre monnaie.

les autres jours ; ceux de la deuxième, 25 ou 15 silbergros dans les mêmes conditions ; quant à ceux de la troisième, ils ne sont payés que les jours où ils travaillent, à raison de 20 silbergros. Le produit d'une journée de travail peut varier d'une demi-livre d'ambre à dix livres par plongeur.

Le soir, dès que le signal du repos se fait entendre, les plongeurs reviennent au rivage et s'empressent de se rendre au comptoir pour y toucher leur salaire, qui est malheureusement plus vite dépensé que gagné. On pourra se faire une idée de l'importance de ces pêcheries, quand nous aurons dit que les concessionnaires payent au gouvernement une redevance de 100 thalers par jour de travail, et que les autres frais s'élèvent à au moins dix fois cette somme.

Les pêcheries de Büsterort ne sont pas la seule source qui fournisse l'ambre de la Baltique. L'État vient en effet de faire ouvrir à ses frais, près de Nortycken, village voisin de Büsterort, une mine pour l'extraction de cette précieuse résine.

Les travaux marchent rapidement et promettent de beaux résultats. Ils consistent en un puits tubulaire creusé jusqu'à ce qu'on appelle la « couche bleue », qui se trouve à une cinquantaine de mètres de profondeur, et en nombreuses galeries horizontales rayonnant dans toutes les directions. L'extraction des terres, facilitée par les eaux d'infiltration, se fait au moyen de cuillers et de cylindres à clapets.

Ce système d'extraction perfectionné n'a point cependant fait abandonner l'ancien procédé, et chaque année une centaine d'ouvriers au moins sont encore employés à creuser, sur le rivage même de la mer, de longues tranchées comme celles d'autrefois. Généralement, les travaux commencent en hiver pour prendre fin à l'automne, à moins que quelque violente tempête du nord et du nord-ouest ne vienne les anéantir auparavant. Les parois de ces tranchées sont boisées comme celles des puits de mine. Les terres, à mesure qu'elles arrivent à la surface, sont amoncelées sur le bord de la tranchée, où elles finissent par constituer une digue solide contre les vagues.

En même temps, des pompes fonctionnent constamment pour épuiser l'eau qui s'infiltre et finirait par envahir le fond de la tranchée.

C'est là que la mécanique étale toutes ses ressources, avec ses treuils, ses poulies, ses plans inclinés, etc., tandis que l'ouvrier, souvent à 65 mètres au-dessous du niveau de la mer, extrait du fond de la tranchée la terre que d'autres jetteront lentement de terrasse en terrasse jusqu'à l'orifice.

De nombreux inspecteurs surveillent ces travaux. L'ambre, après avoir été soigneusement lavé, est aussitôt envoyé aux magasins. Le produit de ces tranchées peut être de quatre à dix tonnes d'ambre par jour.

Tout va bien quand le temps est beau; mais ce sont des milliers de thalers littéralement jetés à la mer s'il devient orageux, et s'il survient une grande tempête.

Quand par exemple le vent du nord-ouest se met à souffler avec violence, soulevant des vagues énormes qu'il pousse contre le rivage, c'est-à-dire contre la digue, celle-ci résiste d'abord vaillamment; mais les vagues se succédant chacune plus furieuse que celle qui l'a précédée, elle finit par se laisser entamer, une brèche s'ouvre, et dans une seconde il ne reste plus de trace de la tranchée.

L'homme, consterné, n'a plus alors qu'à s'incliner devant la force des éléments.

XVI

EN PAYS WENDE

Des côtes de la mer Baltique je redescendis sur Berlin. Tout ce pays, jusqu'aux bords de l'Elbe, était autrefois habité par des Slaves. Aussi, dans un travail ingénieux sur la race prussienne, M. de Quatrefages a cherché à établir que les Prussiens ne sont pas des Allemands.

Il est parti de cette supposition que les anciens Wendes s'étaient germanisés et avaient enfin adopté les mœurs et la langue allemandes. Cette thèse pourrait peut-être se soutenir si la guerre que les Allemands firent aux Slaves n'eût pas été une guerre d'extermination, et si, maintenant encore, on ne retrouvait, à dix lieues de Berlin, dans la forêt de la Sprée et dans la Lusace, les débris de cette même population wende, avec ses coutumes, ses mœurs, sa vieille langue, son costume et ses chants nationaux. Les Wendes semblent s'être réfugiés au fond de ces sombres repaires pour échapper aux envahisseurs germaniques. Ils sont encore au nombre de quatre-vingt-quatorze mille; ils se marient entre eux et ont conservé, profonde et vivace, leur haine contre l'Allemand.

Dans cette image d'un petit peuple qui se débat depuis des siècles entre les serres de l'aigle des Hohenzollern, il y a quelque chose de grandiose et d'épique. Quel exemple pour les annexés de date plus récente ! Six siècles de résistance !

« Le Slave, dans cinquante ans, disait M. Renan dans sa belle lettre à M. Strauss, — le Slave saura que c'est vous qui avez fait son nom synonyme d'« esclave »; il verra cette longue exploitation historique de sa race par la vôtre, et le nombre des Slaves est double du vôtre, et le Slave, comme le dragon de l'Apocalypse, dont la queue balaye la troisième partie des étoiles, traînera un jour après lui le troupeau de l'Asie centrale, l'ancienne clientèle des Gengis-Khan et des Tamerlan. Songez quel poids pèsera dans la balance du monde, le jour où la Bohême, la Moravie, la Croatie, la Servie, toutes les populations slaves de l'empire ottoman, sûrement destinées à l'affranchissement, races héroïques encore, toutes militaires et qui n'ont besoin que d'être commandées, se grouperont autour de ce grand conglomérat moscovite qui englobe déjà dans une langue slave tant d'éléments divers, et qui paraît bien le noyau désigné de la future unité slave, de même que la Macédoine, à peine grecque, le Piémont, à peine italien, la Prusse, à peine allemande, ont été le centre de formation de l'unité grecque, de l'unité italienne, de l'unité allemande. »

Je me sentais depuis longtemps attiré vers ces forêts tutélaires de la Spréewald et j'étais impatient d'en pénétrer les mystérieux secrets. Peut-être, pensais-je, sera-t-il donné de rencontrer là belle Lerneboz, la princesse wende, fille des dieux, métamorphosée en fleur de bois, afin d'échapper aux cruels Germains ! Sa corolle est azurée comme le ciel, ses feuilles vertes comme l'espérance, elle est blottie sous les taillis, et elle attend, pour reprendre sa forme primitive, qu'un sauveur la découvre et la cueille. Elle deviendra alors la reine d'un vaste peuple, et la race slave, — ajoute la légende, — subjuguera à son tour la race germanique.

Combien durera encore cette attente si longue de la belle au bois dormant ? Si l'on tient compte de tous les symptômes de vitalité qui se manifestent chez les peuples slaves, la petite fleur qui porte en elle les germes de la grande nation de l'avenir ne se fanera pas ; le jour, dans sa mélancolique cachette, elle doit rêver des rêves glorieux, et, la nuit, elle doit tressaillir dans cette terre slave qui l'entoure et qui s'émeut comme si les morts se réveillaient de leur sommeil.

Sans m'arrêter à Berlin, je me mis aussitôt en route pour le pays des Wendes, la Spréewald, ou forêt de la Sprée. Voulant explorer cette région en tout sens, au gré de ma fantaisie, j'avais réduit mon bagage à sa plus simple expression : un havresac.

J'adore les voyages à pied, ce sont les seuls que je comprenne et que je trouve charmants, parce qu'ils vous laissent votre initiative, votre liberté pleine et entière, votre personnalité. Vous n'êtes pas un colis entassé parmi d'autres colis : vous n'avez pas de voisin qui vous parle pendant six heures consécutives des trois cheveux de M. de Bismarck, ni de voisine qui abaisse les stores de la fenêtre du wagon, sous prétexte de voir le paysage en rêve ; vous n'avez surtout pas d'enfants qui grimpent sur vos genoux ou qui, au milieu de l'hilarité générale, se transforment subitement en source comme Aréthuse ou Cyane. Les prés ouverts et sans barrière jettent sous vos pas leur tapis moelleux et plein de douces senteurs ; vos stations sont celles que vous choisissez, à l'ombre du sapin ou du chêne, près de la source qui gazouille. Vous arrivez, le soir, à la petite auberge du village, au milieu de l'étonnement des oies et des gamins ; vous allumez votre pipe, vous causez avec les paysans ; vous écoutez leurs récits et leurs légendes, et vous allez dormir d'un bon sommeil, jusqu'à ce que le coq chante la diane. Voilà ce qui s'appelle vraiment voyager, et voilà comme on voyageait jadis. Cette manière un peu plus lente de nos pères était la bonne, je crois que l'on gagnerait à y revenir.

Forcé me fut cependant de prendre le chemin de fer de Berlin à Lubben. Jusqu'à la forêt de la Sprée, la contrée n'est qu'un long et monotone désert de sable. Lubben, encore entourée d'anciennes fortifications, commande l'entrée de la Spréewald. Le château fort, autrefois résidence du bailli de la basse Lusace, sert maintenant de tribunal, de bureau d'impôts et de grenier au sel. Lubben, dont l'annexion remonte au quatorzième siècle, est encore aujourd'hui sous la surveillance d'une garnison prussienne. Les Wendes, relégués dans la vieille ville, s'obstinent à ne pas comprendre le bonheur d'appartenir au glorieux empire, et évitent, autant que possible, tout contact avec les Allemands. C'est à leurs anciens ennemis qu'ils doivent ce nom de Wendes, dérivé de *Wand*, qui signifie paroi, mur, parce qu'ils étaient sourds comme des murs chaque fois qu'un Germain leur adressait la parole.

Chez les Wendes, le vol est inconnu ; et, dans les villages exclusivement wendes, on ne sait pas ce que c'est qu'une serrure. Ils ont l'habitude de se marier entre eux, comme les juifs, et ils sont très hospitaliers. Ils vivent de la pêche, de la chasse, de l'agriculture ; ce sont des travailleurs infatigables, d'une énergie et d'une persevérance extraordinaires. Si les terres sablonneuses et marécageuses du Brandebourg sont parsemées çà et là de quelques vertes oasis, c'est à eux que la Prusse en est redevable. Non seulement on les reconnaît du premier coup d'œil à leur costume original, mais à leur type slave par excellence. Ils sont beaux, grands, souples ; des yeux noirs illuminent leur visage ouvert et naïf, et, quand ils sourient, ils montrent deux rangées de dents blanches comme l'ivoire.

Les femmes wendes sont dignes de ce peuple, qui a dû se plier sous le joug parce qu'il est plus faible, mais qui n'a jamais connu les honteuses capitulations et les lâches défaillances. Elles ont dans la démarche et dans la tournure cette fierté digne qui impose le respect au vainqueur. Vives, alertes, leurs grands yeux noirs ont des regards doux et profonds, et leur bouche, en s'ouvrant, laisse voir un écrin de perles. Leur chevelure retombe abondante, magnifique. Elles ont le poignet et le pied très fins. Ces signes de grande race en font réellement une nation à part.

Une grande partie de la population wende appartient à la religion grecque ; ils ont à Lubben leur église spéciale, dans laquelle le service et le sermon se font en langue slave.

Lubben doit son nom à la déesse Ljuba, que les Wendes adoraient dans le petit bois de frênes et de bouleaux qui est à droite de la ville. Ce bois était peuplé de *ludki,* c'est-à-dire de nains, serviteurs de la déesse, qui venaient chercher de la nourriture pour elle jusque dans les habitations. Ces *ludki,* dit-on, ne pouvaient supporter le bruit des cloches ; quand elles sonnaient, ils se cachaient dans les cavernes. La statue de la déesse Ljuba couronnait une éminence ; on l'a transportée dans la tour de l'hôpital.

Je passai la nuit à Lubben, et le lendemain, au soleil levant, je partis pour Alt-Zauche, gros village sur la lisière de la Spréewald. Je suivis un délicieux petit sentier qui s'en allait coquettement à travers des pelouses piquées de fleurs et scintillantes de rosée.

A onze heures, j'arrivai à Alt-Zauche. On m'avait dit d'aller déjeuner au moulin de Kannow, en pleine forêt, où je trouverais une barque pour continuer mon expédition. Ces grands bois, dont la ligne verte se prolonge jusqu'à l'horizon, m'attiraient comme un aimant. Je traversai Alt-Zauche sans m'arrêter, et, dix minutes après, je faisais mon entrée dans la Spréewald.

La forêt devant moi s'ouvrait profonde, immense et silencieuse : car à cette heure, elle se reposait, elle faisait la sieste. Elle en avait le droit, elle qui était réveillée depuis trois heures du matin.

Je m'enfonçai dans une majestueuse allée de chênes le long de laquelle coulait doucement, comme s'il avait peur de faire sortir la forêt de son sommeil, un cours d'eau d'une transparence de cristal. Ce bras de la Sprée porte le nom wende de Grobla. La rivière découpe trois cents canaux dans le tapis de mousse de la Spréewald, et fait de cette contrée étrange une véritable Venise champêtre. Pendant la belle saison, ces grandes voies aquatiques sont sillonnées en tout sens par des barques chargées de laboureurs, de bûcherons, de pêcheurs, et l'hiver c'est le patin, « l'acier ailé », comme l'appellent les Wendes, qui remplace les embarcations paresseuses.

Le moulin de Kannow apparaît comme dans un décor d'opéra, au milieu des arbres qui l'encadrent, au bord de l'eau argentée qui fait tourner sa grande roue moussue. On compte plus de deux cents moulins aussi pittoresquement groupés.

La meunière m'attendait sur le seuil. Après m'avoir introduit dans une petite chambre dont les bancs étaient fixés au mur :

— Que puis-je vous servir ? me dit-elle.
— Ce que vous avez.
— J'ai des œufs, du poisson, du fromage.
— C'est parfait.

Elle déploya une belle nappe blanche, me servit un verre de *hallasch*, liqueur qui se rapproche de l'eau-de-vie ; puis, sur ma demande, elle m'envoya un des garçons du moulin avec lequel je fis marché pour deux jours de navigation. C'était un beau jeune homme élancé, à la chevelure noire, à la barbe naissante, à l'air intelligent et décidé, un Wende pur sang. Il savait assez d'allemand pour que nous pussions nous comprendre.

— Tiens ta barque prête pour quatre heures, lui dis-je.
— Elle sera prête.
— Faut-il emporter des provisions ?
— Oui.
— Où coucherons-nous ce soir ?
— A Straupitz, si Dieu le permet.
— C'est bien. Prends une bouteille de *hallasch*, du pain, du fromage, de la viande, tout ce que ta maîtresse te donnera.

Il allait se retirer ; je le rappelai :
— Ton nom ?
— Franziskas Welsnitza, de Prezaïk.
— As-tu un fusil ?
— Oui.

— Tu prendras ton fusil.

— Je prendrai aussi mes filets, pour vous servir.

La meunière m'annonça une nuit splendide, et tirant d'un bahut une épaisse couverture de laine, elle me dit :

— Il faudra l'emporter avec vous, monsieur, vous trouverez peut-être la nuit si belle que vous préférerez la passer en barque ; comme les matinées sont fraîches, il faudra bien vous couvrir.

A quatre heures précises, Franziskas avait terminé ses préparatifs ; il m'attendait, debout à l'arrière de la barque, tenant aussi fièrement qu'un gondolier de Venise sa longue rame en bois blanc.

Je pris place au milieu de l'embarcation, et nous partîmes, salués par tous les gens du moulin. Nous remontâmes d'abord le canal, puis nous passâmes dans le Polenza, dont les eaux nous transportèrent dans la rue aquatique principale, le *canale grande* de la Spréewald, la grande Mutnitza.

— Que c'est beau ! que c'est beau ! m'écriai-je enthousiasmé.

Je me croyais sur un fleuve du nouveau monde, entouré de forêts vierges. A mesure que nous avancions, la voûte que les chênes, les bouleaux et les aunes formaient au-dessus de nos têtes devenait plus sombre et plus épaisse, et opposait aux flèches du soleil comme un bouclier de verdure ; un jour bleuâtre et velouté tombait.

Je me demandais si je n'étais pas le jouet d'un mirage ou d'une poétique illusion ; si ce paradis verdoyant n'était pas le dernier refuge des fées sur la terre. Mais tout à coup une barque parut chargée de foin, et la batelière qui la conduisait fumait dans une grosse pipe de bois.

Bientôt l'ombre grandit par degrés et les reflets rouge doré des feuilles nous annoncèrent que le soleil se couchait. La forêt avait retrouvé son animation et sa gaieté; l'orchestre des bouvreuils, des merles et des fauvettes avait recommencé ses symphonies, et les papillons, fils de l'air, et les libellules, filles des eaux, voltigeaient autour de nous comme des pétales de fleurs emportés par le vent. On entendait, entre les cadences de la rame, des roucoulements de ramiers. Un héron ou une cigogne s'enfuyait de temps à autre à notre approche.

Femmes wendes.

Franziskas avait dirigé la barque dans une petite anse et l'avait amarrée au pied d'un chêne; il prit ses filets, formés d'une espèce de poche à jour qu'ouvrait un cercle de fer, et dans laquelle était attaché un morceau de lard qui servait d'appât. Il rangea cinq ou six de ces balances autour de l'embarcation, puis il me dit: « Maintenant, attendons. »

La nuit était venue, mais une nuit au manteau couvert de constellations et dont la lune éclairait la marche triomphale. La lumière tamisée par les branches tombait sur les troncs et sur les mousses comme une fine poussière d'argent; les fleurs penchées sur la rive semblaient changées en diamants et en rubis, et l'eau tremblait, sillonnée d'éclairs et de frissons mystérieux. Des glaïeuls dormaient, bercés par les molles ondulations de la rivière. Nous étions tombés dans une muette rêverie. Tout à coup Franziskas se rapprocha de moi, et, étendant un bras vers le grand canal, il chuchota à mon oreille : « Regardez. »

Je vis un canot qui glissait avec la légèreté d'un cygne, et qui transportait un jeune homme et une jeune fille. Le jeune homme avait un gilet aux gros boutons d'argent; sa tête était nue et ses longs cheveux flottaient sur ses épaules. La jeune fille était coiffée du bandeau de mousseline, bordé de dentelle, sur lequel se noue, en forme de turban, un mouchoir de soie. A peine eurent-ils disparu que nous entendîmes un chant mélancolique résonner dans la forêt; c'étaient eux qui chantaient.

Franziskas me traduisait à mesure, tant bien que mal, chaque couplet. Voici ce que disait la ballade wende :

> O Miesko, est-ce ton ombre
> Qui remue et se montre là-bas?
> O Miesko, ton front est sombre,
> Depuis dix siècles, tu n'oublies pas !
> Les Allemands, race félonne,
> Les Allemands t'ont trahi ;
> Géro le Germain, dans son castel,
> T'a attiré avec tes guerriers.
> Quand tu fus assis à sa table
> Et qu'il eut porté ta santé,
> Les Allemands se sont rués
> Sur toi ; ils ont tué les Wendes.
> Depuis ce jour, Miesko, à nos enfants

Nous répétons : « Pauvres enfants,
Débris de la grande race opprimée,
Défiez-vous de l'hospitalité allemande ! »

Ces paroles résonnaient tristement comme les plaintes d'un peuple captif.

Rien n'est suave comme la langue wende chantée par des voix jeunes. Le wende est une langue douce, naïve, d'une assonance musicale, qui va au cœur.

La barque mélodieuse s'était perdue dans le lointain ; la forêt avait repris sa solennité et son silence ; Franziskas se prépara à retirer ses filets. Il procéda avec beaucoup de précaution, souleva lentement le premier qui était à moitié plein d'énormes écrevisses, puis il tira à lui le second, le troisième, le quatrième, tous plus ou moins garnis.

La pêche de l'écrevisse est une des occupations les plus lucratives des riverains de la Spréewald ; dans les bas-fonds pierreux de ces canaux, l'écrevisse atteint des proportions extraordinaires ; chaque jour on en expédie des wagons à Berlin, à Vienne et à Paris. Les habitués de Véfour ne se doutent guère que les écrevisses qu'ils mangent sur des plats d'argent au Palais-Royal sont des écrevisses wendes pêchées dans les environs de Berlin.

Franziskas mit sa pêche dans un panier, avec de la mousse humide, et nous rentrâmes dans le courant, sur la grande Mutnitza, qui présentait en ce moment un spectacle vraiment magique. Elle se perdait dans une perspective de pâle feuillage, et çà et là des bouleaux se penchaient sur la rive dans des attitudes éplorées. Nous étions dans la plus belle partie de la forêt, appartenant au comte Lynar, qui a défendu d'y pratiquer des coupes.

C'est en cet endroit, dans les cavités des chênes, que

les Wendes plaçaient leurs divinités : Percounos, Potrimpos et Picollos, représentant la force créatrice, la force conservatrice et la force destructrice. Les Wendes étaient panthéistes. Dans le sanctuaire des forêts, ils vénéraient aussi les végétaux, les pierres, les sources. A Stettin, ils adoraient dans un temple un cheval noir, symbole de la force divine.

Notre barque avançait sans bruit, laissant derrière elle une frange d'argent. Des rossignols s'appelaient et se répondaient d'une rive à l'autre. On eût dit que les arbres endormis rêvaient.

Arrivés à l'entrée d'un canal qui remontait à gauche, Franziskas me demanda si je voulais aller coucher à Straupitz, vieux village wende, près du lac de Byhlegure, ou si je préférais continuer mon voyage nocturne jusqu'à Burg, où nous arriverions au lever du soleil.

— Quand serons-nous à Straupitz? lui demandai-je.

— A une heure après minuit.

— Tu m'as dit que le meilleur moment pour la chasse était de trois heures à six heures du matin; j'aime mieux ne pas me coucher.

Il plongea sa rame, qu'il tenait en suspens, et la barque reprit sa marche en ligne droite. Une demi-heure après, nous passions devant un moulin qui agitait dans la pénombre ses grands élytres fantastiques, et nous quittions la Mutnitza pour suivre un bras de la Sprée plus étroit, la Gniela. Les fougères, les boules de neige, la menthe, les renoncules émergeaient de la lisière du bois en masses odorantes. Des lis aquatiques élevaient leur calice d'argent vers les rayons de la lune qui filtraient à travers les arbres.

A la pâle lueur qui pénétrait dans la forêt, la nuance nacrée de bouleaux s'accentuait et leurs troncs ressemblaient à des piliers de marbre.

Bientôt mes paupières s'appesantirent ; je m'enveloppai dans ma couverture et je m'étendis au fond du canot où je m'endormis.

— *Katz! Katz!* (Un chat! un chat!)
— Qu'est-ce? fis-je en me réveillant en sursaut.
— *Katz!* répétait Franziskas avec une pantomime des plus comiques; et son bras m'indiquait un bouleau au tronc tordu, penché sur la rivière.

Je m'étais levé sur mon séant ; il me présenta son fusil armé.
— Tirer? fis-je stupéfait.
— *Ia, Ia, Katz...*
— Mais je ne suis pas venu ici pour tuer des chats, répondis-je en repoussant le fusil.
— *Wild Katz!* s'écria Franziskas, en se redressant d'une pièce.
— Ah! un chat sauvage, mais pourquoi ne t'expliques-tu pas? c'est bien, donne le fusil.

Franziskas, le dos courbé, m'indiqua de nouveau l'arbre. J'aperçus quelque chose de noir et des yeux qui étincelaient comme des escarboucles.

— Il a harponné une truite, ajouta Franziskas à voix basse, au moment où elle sautillait à fleur d'eau. Ces chats sont d'une adresse étonnante; ils guettent les oiseaux dans les buissons ou bien, blottis sur les arbres, ils s'élancent sur les lièvres et même sur les renards.

Je tenais mon regard fixé sur les deux points lumineux ; la barque était immobile, j'épaulai et visai : un éclair sillonna la forêt et les lointaines profondeurs répercutèrent un roulement de tonnerre auquel se mêla un miaulement aigu.

— Touché ! s'écria Franziskas.

— Oui, mais blessé seulement.

— Rechargez.

Pendant que je procédais à cette opération qui demandait un certain temps, attendu que le fusil appartenait au vieux système, nous vîmes une ombre noire glisser le long du bouleau et disparaître dans les buissons.

— La partie est perdue, fit mon conducteur.

— Comment ! perdue ? Tu vas me débarquer ; je vais retrouver l'animal dans les buissons.

— Jamais ! Vous ne connaissez pas les chats sauvages : un chat blessé devient terrible ; il se cache pour attendre le chasseur, et il lui saute à la poitrine, déchire ses vêtements et ses chairs ; ses griffes font des blessures si profondes que souvent on en meurt. J'ai vu un chat sauvage mourant, couché sur le dos, obliger trois gros chiens à battre en retraite.

Franziskas avait donné, tout en parlant, deux ou trois vigoureux coups de rame, et le théâtre de cette petite scène était déjà loin derrière nous.

J'étais un peu humilié. « Enfin, me dis-je en moi-même, je me rattraperai dans quelques heures ; gare à la première malheureuse bête qui se mettra à portée de mon fusil ! » Après cette réflexion consolante pour moi, je m'enveloppai de nouveau dans ma couverture et je repris le sommeil interrompu.

Lorsque je rouvris les yeux, le sommet des arbres blanchissait aux premières lueurs de l'aube. Une gaze de vapeurs légères flottait au-dessus de l'eau, et à droite, à gauche, sur les branches et dans les buissons, partout on entendait des secousses d'ailes, des frémissements de feuilles, tous les bruits vagues et charmants de la forêt qui renaît au jour. Les pics se mettaient à l'ouvrage comme de vaillants petits bûcherons ; les merles se sifflaient comme des gamins qui font l'école buissonnière ; les martins-pêcheurs, avec leur casque et leur cuirasse de rubis, plongeaient rapidement et ressortaient de l'eau en secouant une rosée de perles. J'étais debout et immobile, le fusil en arrêt. Le canal s'élargissait ; des deux côtés, des roseaux agitaient leurs palmes.

— Attention ! me fit Franziskas.

Il avait ralenti la marche du bateau et se soulevait sur la pointe des pieds.

Nous étions à cinquante mètres des roseaux.

— Au vol... Attention !

Une demi-douzaine de canards venaient de se lever à notre approche. Je tirai sans avoir le temps de viser, presqu'au hasard. Quand la fumée fut dissipée, nous en vîmes un qui allait à la dérive, les ailes étendues ; il était mort. Franziskas le souleva du bout de sa rame et me le jeta dans la barque.

— Nous avons gagné notre déjeuner, dis-je en posant le fusil déchargé sur un banc derrière moi. Je n'osais me l'avouer ; mais dans cette poétique forêt, au milieu de cette paisible nature, j'étais honteux d'avoir répandu du sang.

Lorsque le soleil dora la cime de la forêt, vers les six heures, nous abordâmes au village de Burg, le plus considérable de la Spréewald. Ses maisons, ombragées d'antiques chênes, sont lourdes et massives : on dirait des blockhaus. Un petit jardin les entoure ; elles sont toutes séparées les unes des autres par une haie, et leur grand toit de chaume moussu descend presque jusqu'à terre. Ce n'est pas la maison allemande, c'est bien le type de la maison slave, telle qu'on la voit en Russie.

Burg est une réunion de petits îlots. On n'y a jamais vu

un char. Les seuls moyens de transport connus sont des barques et des canots, construits de telle manière qu'ils peuvent se transformer en traîneaux pendant l'hiver. Burg a une brasserie, un bureau postal, une pharmacie, un médecin. C'est le chef-lieu de trois communes; son église s'élève au sommet d'un monticule verdoyant qui domine la forêt; chaque dimanche, on y prêche en langue wende; hommes et femmes portent ce jour-là leur costume de fête. Les hommes, vêtus durant la semaine d'une longue redingote en toile bleue, endossent le dimanche une redingote de drap, de même couleur, avec un gilet aux boutons d'argent. Les femmes complètent leur coiffure par un haut tricorne, orné de franges. Leur jupe rouge, bleue ou jaune, — elles aiment les couleurs voyantes, — ne leur descend que jusqu'au genou. Les jours d'œuvre elles n'ont pas de bas; les jours fériés, elles en portent d'écarlates. Elles travaillent ordinairement les épaules et les bras nus; le dimanche, leur tête émerge d'une dentelle éclatante, et des manches plissées et empesées sortent de leur corsage noir, derrière lequel flottent deux rubans.

Nous étions descendus à la brasserie, devant laquelle une multitude de barques et de canots, les uns chargés, les autres vides, étaient amarrés. Franziskas avait pris le canard et l'avait remis lui-même avec un soin précieux entre les mains de la cuisinière, qui, debout devant l'âtre, un poing sur la hanche, l'écumoire à la main, avait l'air de tenir un sceptre et d'être la Pomaré de l'île. Un gros chien roux rôdait autour d'elle, et des poules picoraient des os dans une vieille écuelle cassée. La cheminée s'ouvrait, au milieu de la pièce, comme un dôme, sous lequel étaient suspendus, en guise de lustre, des saucisses et des poissons fumés.

En attendant que notre canard fût cuit à point, nous allâmes nous promener à travers le village.

La présence d'un monsieur qui porte un vêtement complet, qui est coiffé d'un chapeau mou et qui tient sous son bras un Bædeker relié en toile rouge, ne pouvait manquer d'être un objet de curiosité aux yeux des petits naturels de Burg, qui prennent pour leur tailleur d'été celui qui habille les lézards et les grenouilles. A ma vue, toute une génération spontanée de bambins surgit sur la rive, cria, cabriola, gesticula au grand effroi des canards domestiques et pour le plus grand plaisir de Franziskas, qui riait de ses trente-deux dents. Des femmes avançaient une tête curieuse hors des portes et nous regardaient bouche béante.

— Avons-nous le temps d'aller jusqu'au Schlossberg? dis-je à Franziskas.

— Parfaitement.

— Eh bien, en route!

Je venais de lire dans mon Guide que le Schlossberg, en français *mont du Château*, était ainsi nommé à cause de la forteresse wende qui s'y trouvait. Écrasés par les Allemands dans une dernière bataille, les débris de l'armée wende se retirèrent sur le Schlossberg, en poussant le cri désespéré de *subjonne*, c'est-à-dire : vaincus, subjugués.

La tradition rapporte que les Wendes de la Spréewald qui combattaient à cette époque sous les ordres de Jazzo, leur dernier chef, étaient déjà chrétiens. Voici comment ils le seraient devenus : Jazzo, ayant livré aux Germains une bataille entre Spandau et Potsdam, fut vaincu; il se jeta à cheval dans le lac que la Sprée formait à cet endroit et fit vœu, s'il échappait à la mort, de se convertir au Dieu des chrétiens, lui et les guerriers qui survivraient à la défaite. Son cheval le porta heureusement sur l'autre rive, et Jazzo, fidèle à son vœu, reçut le baptême avec tous les Wendes qu'avait épargnés le fer civilisateur des Allemands.

Avant la conversion de Jazzo, il arriva plus d'une fois que les princes slaves de la Spréewald enlevèrent des enfants allemands pour en faire de petits païens. On avait raconté un jour à Zicsibor, successeur de Prebislaw, qu'un chasseur du village de Drenow avait un fils de toute beauté; comme Zicsibor n'avait pas de descendant, il songea à s'emparer de cet enfant pour l'élever comme son propre fils; il envoya donc des hommes pour s'en saisir. Ils descendirent la Sprée et la Malxe; arrivés dans le voisinage de Drenow, ils se cachèrent dans les roseaux, attendant une occasion favorable. On était au mois de juin, les journées étaient très chaudes; le merveilleux petit garçon et sa sœur vinrent le soir pour se baigner non loin de l'embuscade des voleurs. Ceux-ci se précipitèrent sur eux, les saisirent, les mirent dans un sac et les menacèrent de les jeter dans la rivière s'ils criaient; puis ils reprirent le chemin du château.

Un garçon de Drenow, qui était en train de dénicher un nid de pies dans le voisinage, avait assisté à cette scène. Dès que les hommes eurent disparu, il descendit de l'arbre et courut au village avertir la mère des deux enfants, qui sauta dans une barque et se mit à la poursuite des ravisseurs. Épuisés de fatigue, ceux-ci s'étaient endormis sur un tertre, à l'embouchure de la Malxe et de la Sprée. Les deux enfants étaient à côté d'eux. La mère, se glissant à travers les buissons, s'approcha des sacs, en prit un sous chaque bras, revint dans sa barque et s'enfuit à force de rames.

Zicsibor mourut quelque temps après, frappé d'un coup de foudre et sans laisser de successeur[1].

On découvre encore les vieux fossés et quelques vestiges de remparts de l'ancienne forteresse wende.

Cette forteresse du Schlossberg est tombée avec le dernier roi wende; mais la couronne de celui-ci s'est transmise, dit-on, jusqu'à ses descendants actuels. On raconte que la Spréewald est encore gouvernée par un souverain invisible, dont le nom est tenu secret, de peur qu'il ne soit connu des Allemands. Ce roi se révèlera le jour où le « vaste empire des Slaves sera fondé ».

La cuisinière de la brasserie de Burg attendait notre retour avec une vive impatience. Elle nous cria de la porte de la cuisine : « Il sera trop cuit, vous verrez! »

Notre canard, en effet, était tendre comme une élégie de Soumet : il s'en allait en charpie.

J'avais invité Franziskas à déjeuner avec moi.

— C'est dommage, me dit-il, que vous ne soyez pas venu à Burg lundi dernier.

— Pourquoi?

— Tout le village était en fête.

— Ah!

— Il y avait une noce.

— On ne se marie donc pas ici comme ailleurs?

— Non. Les usages wendes n'ont rien de commun avec les usages allemands.

— C'est vrai; il me semble que j'ai lu quelque part que, pour les mariages, on procède chez vous comme en

---

[1] Voir l'intéressant recueil de *Légendes wendes*, publié par M. Karl Haupt, Leipzig, 1843.

Bretagne et dans la forêt Noire ; le prétendant délègue un de ses amis qui entre dans la maison de la jeune fille sous prétexte d'étamer les casseroles ou de vendre des aiguilles ; il entame les négociations, et, quand tout est réglé, le fiancé et la fiancée vont annoncer aux amis et aux voisins que la cérémonie nuptiale se célèbrera tel jour.

— Ce n'est pas tout. Les invités envoient du beurre, des œufs, des fruits à la fiancée ; et, le matin de la noce, ils montent en barque avec le promis et l'accompagnent jusqu'à la demeure de la promise. La porte est fermée, toutes les fenêtres sont soigneusement closes : on dirait que tout le monde est subitement parti. Les garçons d'honneur — les *druyba* — frappent. Personne ne répond. Ils frappent encore. Même silence. Ils frappent une troisième fois : alors une petite lucarne s'ouvre, et une vieille femme, aux cheveux gris, à la figure parcheminée, montre son air grognon et son nez en bec de chouette : « Est-ce moi que vous demandez ? dit-elle. — Non, celle que nous cherchons a des cheveux noirs et brillants comme les plumes du merle, ses joues sont fraîches comme la fleur d'églantier, ses dents sont blanches comme les lis. »

La lucarne se referme, puis elle s'ouvre de nouveau, encadrant le visage d'une fillette de douze ans. « Est-ce moi que vous appelez ? dit-elle. — Non, répondent les garçons d'honneur, celle que nous appelons peut conduire seule une lourde barque, elle sait tisser le drap et commander en maîtresse aux serviteurs. »

La lucarne se ferme encore, et cette fois-ci, c'est la porte qui s'ouvre : sur le seuil, souriante sous sa couronne de fleurs blanches et rouges, la taille entourée d'une écharpe de gaze flottante, la fiancée apparaît, prête à suivre son seigneur et maître.

Les filles d'honneur vont la prendre par la main et la conduisent dans leur barque, puis le cortège part pour l'église aux sons de la tavakava, de la husla et de la cornemuse [1]. A l'entrée du village, on jette un voile sur la

Ruines du Schlossberg.

tête de la fiancée. Après la cérémonie, on se rend à l'auberge, on boit de la bière et de l'eau-de-vie, on mange du pain, du beurre et du fromage, puis, musique en tête,

1. Instruments nationaux des Slaves.

on remonte en barque, on traverse le village au milieu des cris de joie des enfants, et l'on arrive dans la maison du fiancé, où a lieu le repas de noce. La fête dure deux ou trois jours. A minuit, les musiciens conduisent les époux jusqu'à la chambre nuptiale, et les invités retournent à l'auberge, où l'on danse jusqu'au matin. La nouvelle épouse ne peut retourner voir ses parents qu'après deux mois; si elle rentre sous le toit paternel avant ce temps, le mariage est considéré comme rompu d'un commun accord.

— Tous ces détails sont curieux, Franziskas.
— Si au moins vous pouviez voir un enterrement!
— C'est trop lugubre.
— Holà! Marizka, viens donc ici! s'écria mon jeune conducteur que l'eau-de-vie mettait en verve.

La cuisinière, qui remplissait également les fonctions de sommelière, se montra sur le pas de la porte.

— Il n'est mort personne ici? lui demanda Franziskas.
— Non, le médecin allemand est parti, et tout le monde se porte bien.
— Une méchante langue, Monsieur, comme toutes les cuisinières! me dit-il en riant.

Il vida son verre, puis il reprit :

— Il faut que je vous dise comment cela se passe : ce n'est ni le maire ni le prêtre qui fait la levée du corps, c'est le maître d'école. A la tombée de la nuit, on dépose le cercueil devant la maison, et là, sous la direction du maître d'école qui bat la mesure, les parents du défunt entonnent le *Dobru Noz*, le chant de l'adieu; quand le chant est fini, on sert du pain, du beurre, de l'eau-de-vie et de la bière; puis on transporte le cercueil sur une barque et l'on se dirige vers le cimetière, en psalmodiant des hymnes funèbres. Une courte cérémonie a lieu ensuite dans l'église et l'on revient pour le repas dans la maison du défunt. Quand c'est un jeune homme ou une jeune fille que l'on enterre, les jeunes gens du village accompagnent le cercueil en tenant un rameau vert à la main.

Les fêtes de Noël, du carnaval et de la Pentecôte n'offrent pas un tableau moins original. Franziskas me renseigna sur tous ces usages et toutes ces coutumes mieux que ne l'eût fait un professeur d'ethnographie de l'université de Berlin. La veille de Noël, une jeune fille, qui personnifie l'enfant Jésus, parcourt le village à la ronde et s'enquiert des enfants qui méritent une récompense. Le lendemain, l'arbre élève ses bras chargés de fruits dorés, et ceux qui ont été sages ont la plus belle part.

Pendant le temps du carnaval, on danse dans chaque maison. Le mercredi des cendres, la jeunesse se déguise et l'on ne rencontre dans la Spréewald que de joyeuses mascarades en bateau. La veille de Pâques, les jeunes filles parcourent également le village en chantant les chants de la Passion.

Le temps s'écoulait rapidement dans notre intéressante causerie.

Nous remontâmes en canot vers les trois heures. En sortant de Burg, nous passons devant la Colonie, petit village de cent soixante-neuf maisons, fondé par Frédéric II. Il poussa le flot allemand vers cette contrée où la race slave subsiste encore comme une île solitaire au milieu d'une mer envahissante. Chaque colon allemand qui venait s'établir à la Colonie recevait gratuitement dix-huit journées de terrain et était exempté des impôts. Les anciens margraves avaient eu recours à un système à peu près semblable pour germaniser la marche de Brandebourg. A ceux qui entreprenaient la fondation d'un village ou d'une ville les princes vendaient une certaine étendue de terrain qui variait, pour un village, entre trente et soixante attelages (*hufen*), et pour une ville entre cent et trois cents. L'entrepreneur revendait les maisons aux colons et devenait lui-même maire du village ou de la ville; il exerçait la basse juridiction et percevait les impôts au nom de la couronne.

Les margraves n'avaient pas de résidence fixe à cette époque; ils parcouraient le pays, accompagnés d'une forte escorte, et surveillaient de leurs propres yeux le bétail humain confié à leur garde; ils avaient partout des châteaux; les couvents étaient aussi tenus de les héberger, eux et leur suite, pendant tout le temps de leur séjour.

Des villes et villages, changés en villes ou villages allemands, la population slave qu'avait épargnée le fer ennemi était repoussée dans les faubourgs; les Allemands l'accablaient d'impôts et la traitaient comme sont encore traités les juifs dans certaines villes de l'Allemagne du Nord. Aussi un historien a-t-il écrit avec raison : « Le Slave est l'ennemi du Germain et sa victime. »

On comptait encore à la fin du siècle dernier cent quarante mille Wendes ou Slaves dans la Spréewald[1]; ceux qui restent font des efforts désespérés pour conserver leur langue et leur nationalité; ils ont fondé des journaux en langue wende : le plus important paraît à Bautzen; une association connue sous le nom de *Macica Serlska*

---

1. A Kottbus, sur 10,000 habitants, il y a encore 5,000 Wendes. Jusqu'à ces dernières années, on enseignait la langue wende au gymnase. On trouve aussi à Kottbus les derniers vestiges d'une colonie française.

publie chaque année en wende des livres populaires, des recueils de chants et de légendes.

En 1813, les soldats russes furent accueillis avec de grandes démonstrations de joie par les Wendes de la Spréewald, qui saluèrent en eux des « frères ».

Notre barque, mollement bercée par le flot, s'attardait sous une fraîche voûte de verdure. Des tortues d'eau nageaient autour de nous, des carpes sautaient à la poursuite des moucherons, des vanneaux volaient dans les arbres, et le coucou, du fond de sa cachette, nous criait sur un ton malicieux : « Coucou ! coucou ! » Au bord de ces rives, on voit souvent des biches ou des chevreuils altérés, qui avancent leur jolie tête entre les hautes herbes et qui se mirent coquettement dans l'eau.

En 1842, le roi Frédéric-Guillaume visita cette partie de la Spréewald et vint de Lubbenau jusqu'à Burg. Des centaines de barques et de canots pavoisés l'accompagnèrent dans son excursion, et le roi, s'étant arrêté sous un chêne, vida une coupe en poussant le cri wende : *Iuchuchu!* Frédéric-Guillaume, qui s'entendait fort peu aux annexions, se plaisait à répéter que « ce jour comptait parmi les plus beaux de sa vie ».

Nous traversâmes Leipe, dont les maisons sont groupées sur les deux bords du canal, et, une demi-heure après, nous faisions notre entrée à Lehde. La Sprée se divise ici en une multitude de petits bras et isole pour ainsi dire chaque habitation dans un îlot. Des filets sèchent au soleil ; des hommes construisent des barques, et des femmes entassent au milieu des jardins ces radis noirs qui sont une des gourmandises des buveurs de bière allemands.

Les Wendes pratiquent l'hospitalité de la même manière que les Arabes ; dans leur chaumière, il y a une pièce spéciale réservée pour les amis et les étrangers. Un vieux pêcheur nous invita à venir nous rafraîchir chez lui ; il nous servit du *hallasch*, la liqueur nationale de la Sprée-wald ; et, sur ma demande, que Franziskas lui transmit, il nous fit visiter l'intérieur de sa maison.

Les habitations wendes se composent de trois pièces : la chambre commune, la chambre à coucher, et la chambre « d'hospitalité ». Dans la chambre à coucher on voit le lit nuptial, aux épais rideaux verts qui le cachent comme un sanctuaire aux regards profanes. Le soir, dans la chambre commune, décorée d'images grossières, les rouets tournent gaiement la ronde du travail, et les poules viennent librement becqueter sous la table, sans s'effrayer de l'enfant qui crie dans son berceau. Les rouets et les berceaux de la Spréewald sont de véritables objets d'art, décorés de fines sculptures, et très recherchés en Allemagne.

Nous prîmes congé de notre hôte et nous arrivâmes à Lubbenau, station du chemin de fer de Berlin à Goerlitz, un peu avant le coucher du soleil. Lubbenau est l'entrepôt général du commerce et de l'industrie de la Spréewald. Les maisons baignent leur pied dans la rivière, et derrière elles, la pelouse s'étend toute verte, plantée d'arbres fruitiers. La Sprée transparente laisse voir le sable fin qui tapisse son lit, et sur sa surface les rayons du soleil mettent comme de grandes arabesques d'or.

En langue wende, Lubbenau signifie « la prairie basse » ; ce district est resté la propriété de la riche et puissante famille de Lynar, dont le château s'élève près de la ville, au milieu d'un parc d'aunes séculaires. Les armoiries des Lynar se composent d'une tour couronnée d'un serpent dont voici l'origine légendaire :

Le premier Lynar, qui vint d'Italie en Allemagne, était

un gentilhomme fort pauvre, mais très entreprenant. Il s'établit dans les environs de Lubbenau, alors peuplés d'une innombrable quantité de serpents, gouvernés par un roi, qui portait sur la tête un diadème de pierreries. Or, Lynar avait remarqué que le roi des serpents traversait la rivière pour aller se reposer dans une petite île, et qu'il déposait sa couronne avant de s'endormir. Lynar, sans rien dire à personne, s'en alla, un matin, avec une pièce de toile qu'il étendit soigneusement sur le gazon, et se cacha dans les broussailles avec son cheval.

Le roi des serpents était très réglé dans sa vie. Comme la journée était chaude, à l'heure habituelle il surgit des eaux avec toute sa suite, aborda dans l'île, déposa sa couronne sur le linge blanc et ne tarda pas à s'endormir. Lynar saisit le linge par les bouts, sauta sur son cheval et s'enfuit avec le trésor. Mais bientôt des sifflements terribles percèrent ses oreilles; ses cheveux se dressèrent sur sa tête : tous les serpents s'étaient lancés à sa poursuite. Il essaya de gagner de vitesse : vains efforts ! un mur étroit s'élevait comme par enchantement autour de lui. Dans sa frayeur, il enfonça les éperons si profondément dans les flancs de son cheval, que celui-ci bondit par-dessus le mur et le déroba à ses persécuteurs.

Lynar vendit la couronne du roi des serpents, acheta Lubbenau, et fit construire le château actuel à l'endroit même où il avait enlevé le trésor.

Franziskas me quitta à Lubbenau. En remontant la Grubla et la Polenza, il pouvait être de retour au moulin avant minuit.

Je couchai à Lubbenau, où il y a quatre hôtels, et je partis le lendemain pour Dresde, en passant par Kœnigs-Wusterhausen. Ce village appartenait jadis aux Wendes, et une forteresse qui s'élevait dans le voisinage marquait les limites entre la marche de Brandebourg et la Lusace.

En 1698, l'électeur Frédéric III s'empara de cette contrée et la donna, comme cadeau de Noël, à son fils âgé de dix ans.

Quand le prince royal devint Frédéric-Guillaume Ier, il bâtit le château qui servit, plus tard, de résidence à toute sa nichée.

Le gros Guillaume vivait là au milieu de ses ours apprivoisés, qui lui tenaient économiquement lieu de ministres et de gardes du corps; à leur vue, les visiteurs fuyaient épouvantés.

C'est dans le château de Kœnigs-Wusterhausen que Guillaume signa l'arrêt de mort contre Kate et contre son propre fils. Dans le parc, on montre le chêne sous lequel l'épais monarque avait l'habitude de faire la sieste, tandis que sa fille, la future margrave de Bayreuth, était obligée de se tenir à ses côtés pour chasser les mouches.

« Je suis dur comme une borne de pierre, au coin d'une rue, » disait ce monarque, qui avait élevé son sceptre à la hauteur d'une trique. Il n'entendait rien aux lettres ni aux arts, il ne savait que compter les écus qu'il entassait dans de vieux bas. Il détestait surtout son fils aîné, Frédéric, à cause de son penchant pour la littérature et la France de Louis XIV. « J'ai mis, — s'écriait-il avec colère, en brandissant sa canne, — j'ai mis des sabres et des pistolets dans les berceaux de mes enfants, pour qu'ils apprennent de bonne heure à balayer les envahisseurs français et suédois du sol allemand [1] ! »

---

1. Extrait du *Voyage aux pays annexés*, par Victor Tissot, 1 beau volume de 400 pages. — Dentu, éditeur.

XVII

DRESDE

Ville de plaisirs, ville molle et alanguie, Dresde est la Corinthe de l'Allemagne.

Tout est païen chez elle. Ne lui parlez ni de religion ni de patrie ; elle ne connaît, en fait de dieux, que les divinités couronnées de roses ; elle n'est ni saxonne, ni prussienne, elle est universelle.

D'un bout de l'année à l'autre, chez elle, on est en fête. Allez, à n'importe quelle heure de la journée, dans ses immenses brasseries, vous trouverez de la musique, des gens qui boivent et qui mangent, qui chantent ou qui rient. La cuisine saxonne a une renommée toute particulière ; je soupçonne Heine d'en avoir goûté : car il nous parle quelque part, dans ses ouvrages, de sensibleries pâtissées, de sympathiques plats aux œufs, de sincères boulettes aux prunes, de soupe platonique à l'orge et de vertueuses andouillettes de ménage.

Quand on a vu cette population sensuelle à l'œuvre, on ne s'étonne plus qu'il y ait à Dresde tant de monts-depiété, et si peu de caisses d'épargne ; tant d'hôpitaux et de prisons.

Les églises même ont un caractère mondain, léger, coquet, qui n'a rien d'austère ni de religieux. Elles sont construites dans le style rococo des pendules de porcelaine de Meissen, avec des statues mignardes, pimpantes et endimanchées.

L'exemple est venu de haut; les vers de Ronsard ne se sont jamais mieux appliqués qu'à la dynastie saxonne :

> Un roi, sans la vertu, porte le sceptre en vain,
> Qui ne lui sert sinon de fardeau dans la main.

Cette maison de Dresde a toujours été excentrique, bizarre, dissolue, avide de grosses et grasses réjouissances, éprise de ballets, de formes et de couleurs ; elle fut prodigue jusqu'à la folie et s'enivra de toutes les ivresses. L'électeur Auguste le Fort poussa le luxe de sa cour jusqu'aux dernières limites de l'extravagance. Il fit élever le palais de Moritzbourg, qui coûta autant que le château de Versailles. Un bal masqué qu'il y donna lui revint à la modique somme de quatre millions. Comme les coffres-forts de la France étaient incrochetables à cette époque, Frédéric se vit contraint de se faire faux monnayeur.

Auguste II, que les besoins financiers pressaient aussi, chercha avec l'alchimiste Bœtinger le secret de la transmutation des métaux en or : il trouva la porcelaine de Saxe.

Prince efféminé et indolent, incapable de s'occuper d'affaires sérieuses, il chargea un de ses favoris, le comte de Bruhl, de l'administration complète de l'État. Étrange histoire que celle de ce courtisan, qui, de pauvre gentilhomme en Thuringe, devint plus puissant que le prince lui-même !

Tout est féerique dans cette existence.

Sous les lambris dorés du pavillon qui porte son nom et qui a été loué au premier restaurateur de Dresde, c'était une suite continuelle de fêtes, une succession de contes des *Mille et une Nuits*. A ses petits dîners on comptait trente plats sur la table. A ses dîners d'apparat, il y en avait de quatre-vingts à cent! Ses cuisines remplissaient la ville de leur fumet. Un jour, il ordonna de jeter dans l'Elbe, par les fenêtres, tous les plats d'argent à mesure que les convives s'en étaient servis. Il avait institué un service de courriers qui lui apportaient, chaque jour, des pâtisseries de Paris et des pâtés de Strasbourg. Il avait cent vêtements de rechange; un chapeau, une montre et une canne allaient séparément avec chaque costume. Toute une armée de parasites et de marmitons s'agitait autour de lui : vingt cuisiniers, douze valets de chambre, douze pages. Trois cents chevaux peuplaient ses écuries. Lorsque les Prussiens entrèrent dans Dresde, après avoir incendié le faubourg de Pirna, ils enlevèrent des garde-robes d'Auguste deux cents paires de souliers, trois cents habits brodés, huit cents robes de chambre, mille cinq cents perruques. « Que de perruques pour un homme sans tête! » s'écria le roi de Prusse.

La prodigalité de ces princes, il faut le reconnaître, ne s'en allait pas tout entière en fumée ; si Auguste le Fort, si Auguste III, si le comte de Bruhl n'avaient pas eu ces goûts fastueux, la galerie de Dresde n'existerait pas, ni le *Gründ Gewœlbe*, ni le palais japonais, avec leurs entassements de richesses et de merveilles.

Auguste le Fort conçut l'idée du Zwinger, qui ne devait être que le vestibule d'un palais grandiose, dans le goût italien. Il créa la belle promenade du Grand Jardin, qu'il peupla de quinze cents statues. Auguste III, qui avait beaucoup voyagé, rapporta d'Italie et d'Espagne le plan du musée de tableaux. Il paya deux millions la galerie de Modène, laquelle contenait cinq Corrège et la *Madone* du Titien. Il acheta pour 180,000 francs la *Madone sixtine* de Raphaël.

Le comte de Bruhl chercha à faire de Dresde un véritable centre artistique. Un homme d'un grand talent, Raphaël Mings, fut nommé peintre de la cour. D'autres artistes vinrent se grouper autour de lui : Grassi, Hartmann, Mattaï.

Dresde n'eut cependant jamais d'école de peinture, comme Munich et Dusseldorf; mais la petite ville surpasse Vienne, Munich, Berlin, par les trésors inestimables de sa galerie de tableaux. Cette collection, mise pendant la guerre de Sept ans à l'abri de la rapine prussienne, dans la forteresse de Kœnigstein, respectée par les armées de Bonaparte, faillit être brûlée par les patriotes de 1848, qui incendièrent une partie du Zwinger. Richard Wagner se trouvait parmi ces forcenés. En 1850, les états de Saxe votèrent une somme de 1,700,000 francs pour installer la galerie dans la partie du château où elle est aujourd'hui.

La salle du rez-de-chaussée renferme une précieuse collection d'estampes. C'est là qu'il faut aller étudier Dürer, le peintre des souffrants, des tourmentés; il y déploie ses sombres chauves-souris, il y crampone ses chimères au crâne des damnés. Quelle passion, quelle énergie dans ces grands saints décharnés qui ont dû lutter si longtemps pour vaincre leur chair rebelle ! Par la tension de leurs nerfs, par la contraction douloureuse de leur bouche, par leurs regards agonisants, quelques-uns expriment l'immense souffrance du Laocoon, cette personnification si dramatique du combat de la vie.

En montant au premier étage, nous tombons immédiatement en pleine fête de couleurs, au milieu d'une symphonie merveilleuse, remplie d'éclat, de splendeur, de rêverie, de piété, de tendresse et de larmes. Voici Zurbaran avec ses moines mélancoliques, agenouillés sur la terre, mais déjà dans le ciel. Ces corps décharnés, ces pâles et maigres figures ne sont plus que des dépouilles ; l'âme immortelle plane au-dessus d'elles et les anime encore de son reflet. A côté de Zurbaran, Ribeira. Ses coups de pinceau sont hardis comme des coups de poignard ; le sang et les larmes suintent de ses toiles tragiques ; elles ont des lueurs rouges, tout y est violent, farouche, barbare. Rien de plus terrible que sa *Madeleine*, enveloppée des ombres de mort, et qui prie au bord du tombeau qui l'attend et la convoite.

On passe du grave au doux ; nous voici en face des séraphiques créations de Murillo. Sa *Madone* nous apparaît pleine de grâce, dans une lumière blonde et caressante. L'enfant Jésus semble vous interroger de ses yeux calmes et profonds, tandis que ceux de sa mère, dirigés plus haut, expriment la nostalgie du ciel.

De l'école espagnole, plus sérieuse, plus austère, nous passons à l'école flamande. C'est bien Rubens qui nous entoure : ici des nymphes fuient à travers les roseaux, là des faunes dansent avec des bacchantes.

Tout est matériel dans cette peinture, qui ne dit rien à l'âme. La *Fille d'Hérodiade* fait exception : Rubens, en peignant ce groupe énergique, est sorti du métier et s'est élevé à une grande hauteur. Van Dyck, Rembrandt, Jordaens sont en compagnie de Rubens.

Traversons la salle où l'école florentine étale les trésors de sa riche imagination, que guide toujours un pinceau correct et gracieux ; traversons cette autre salle, où l'école lombarde s'épanouit dans sa suave poésie et brille par ses types si corrects et si imposants. Laissons aussi de côté le Titien et Paul Véronèse, tous deux éblouissants de coloris, peintres d'apparat et de théâtre, cherchant avant tout l'effet des belles étoffes et des belles chairs; allons aux deux perles de la galerie de Dresde : la *Vierge de saint Sixte* et la *Vierge* de Holbein.

Elles occupent, aux deux extrémités du musée, une salle où elles trônent seules, et dont la décoration se rapproche de celle d'une chapelle. Le visiteur pénètre dans ce sanctuaire en se découvrant; il parle bas et marche sans bruit. J'en ai vu qui restaient des heures en admiration extatique devant ces célestes apparitions.

La description de la *Vierge de saint Sixte* n'est plus à faire; quel œil n'a conservé l'empreinte de ce chef-d'œuvre des chefs-d'œuvre, si souvent reproduit par la gravure et la photographie? Mais, ce que l'un et l'autre de ces arts sont impuissants à rendre, c'est l'impression du chef-d'œuvre lui-même, la pureté radieuse de son coloris, l'harmonie poétique des teintes, la vie toute divine qui y circule. Ce n'est pas en prose, c'est en vers qu'il faudrait célébrer ce tableau. La Vierge est belle comme la beauté; c'est la femme idéale; c'est à la fois la jeune mère et la souveraine du ciel. L'enfant Jésus n'a que le corps d'un enfant, son regard est celui d'un Dieu. A droite, sainte Barbe, comme portée par les ailes invisibles de l'adoration, s'élève avec une tendresse majestueuse vers l'enfant divin. Les mots ne peuvent rendre l'expression d'innocence, de candeur répandue sur cette physionomie d'une noblesse si douce. A gauche, saint Sixte a déposé sa couronne, emblème de la puissance terrestre, et le nimbe d'or des bienheureux brille autour de son front; sa figure est pleine d'une mâle piété, la prière s'échappe de ses yeux et de ses lèvres. Les deux anges appuyés sur la fenêtre, et qui n'ont été ajoutés qu'après, sont les plus beaux que Raphaël ait peints. Ils contemplent leur reine, la fille de David et la mère de Jésus, avec une admiration d'amour. Il semble que le peintre ait voulu exprimer les aspirations de la terre vers le ciel.

« Raphaël a fixé à jamais le type de la madone, disait Théophile Gautier, à son retour d'Italie; il lui a ôté la tristesse, la souffrance et la laideur du moyen âge; il l'a revêtue de toutes les délicieuses perfections que lui prêtent les litanies. » Si le célèbre critique avait visité la galerie de Dresde, il aurait sans doute modifié son jugement en voyant la *Vierge* de Holbein.

Rien de plus doux, de plus pur, de plus familial et de plus consolant que cette madone allemande aux yeux bleus, aux cheveux blonds, au front rayonnant de candeur et d'innocence ! Le vieil art allemand se reflète dans ce tableau comme une nuit étoilée dans un lac paisible.

On a cru longtemps que la Vierge tenait dans ses bras un enfant malade; on est revenu aujourd'hui de cette supposition. Marie, séparée de ses attributs, ne serait plus la mère du Christ. L'enfant est bien Jésus, et il sent déjà en lui la lutte de son humanité avec sa divinité. Holbein a atteint dans cette peinture tout ce qu'il est possible de demander au génie. Sa Vierge, dans une attitude un peu plus grave et moins éthérée, est égale à celle de Raphaël. Elles sont là, du reste, pour se compléter ; celle du maître romain est la madone des heureux; elle tient son regard fixé vers les régions de l'azur et du soleil ; celle du maître allemand est la mère de charité et de compassion, celle qui vient au chevet des berceaux et qui apparaît au grabat des délaissés. L'une est la rose mystique, l'autre l'étoile du matin.

En quittant la dernière salle de la galerie, on traverse

une grande rotonde où sont exposées d'admirables tapisseries exécutées d'après les cartons de Raphaël, et dont les originaux ornent la collection du Vatican à Rome. On croit que celles de Dresde ont été faites en Angleterre, sous le règne de Charles Ier, dans l'établissement de Martlake. On sait que Léon X chargea Raphaël de dessiner onze cartons pour les tapisseries qu'il destinait à la chapelle Sixtine. Une fois le travail terminé, ces cartons restèrent à Bruxelles, entre les mains des artistes flamands. Rubens les découvrit et les fit acheter par le roi d'Angleterre Charles Ier.

Le génie de Raphaël triomphe et resplendit dans ces magnifiques compositions où l'idéal païen se confond avec l'idéal chrétien. « Force et originalité de l'invention, beauté des types, explication simple et dramatique du sujet, — a dit un critique, — agencement clair et savant des groupes, distribution habile et large de la lumière, grand caractère des draperies, tout s'y trouve réuni. » Les apôtres sont beaux et forts comme des dieux antiques. La dramatique énergie de leurs attitudes rappelle les figures sculpturales de la Grèce et de Rome.

Au-dessus des tapisseries de Raphaël on en voit six autres représentant les scènes de la Passion. Elles sont attribuées à Lucas Cranach.

XVIII

LA VOUTE VERTE. — LA COLLECTION DE PORCELAINES

A Dresde les collections et les musées sont groupés autour du palais royal, dont ils sont comme les dépendances.

Ces rois artistes et somptueux voulaient avoir sous la main les trésors d'art qui étaient leur passion et leur orgueil.

Le Zwinger ne renferme pas seulement la galerie de peinture, mais encore trois autres musées : celui des antiques, celui d'histoire naturelle et le cabinet de physique.

Le musée des antiques, où se trouvent de nombreux moulages d'anciens tombeaux d'empereurs, de princes, d'évêques et de guerriers, offre quelque intérêt pour l'étude du costume allemand, à cause des statues gothiques couchées sur ces grands sarcophages, comme sur un lit de parade.

En face du Zwinger, de l'autre côté de la rue, s'ouvrent

les petites fenêtres garnies de volets de fer du *Grüne Gewœlbe* ou Voûte verte.

On sait que ce nom s'applique à une suite de salles situées au rez-de-chaussée du palais du roi, et dont la principale est peinte en vert.

Pourquoi en vert?

C'est un point que les savants allemands, qui ont la rage de tout expliquer, n'ont pas réussi à élucider jusqu'ici et qui fait encore, depuis un siècle, l'objet de leurs recherches et de leurs études les plus assidues.

Sous ces voûtes basses et sombres, quel entassement inouï d'objets, les plus futiles et les plus précieux, collectionnés depuis les origines de la monarchie!

C'est le bazar de la bimbeloterie, le paradis du bric-à-brac, l'apothéose du bibelot.

L'amour des choses inutiles a été poussé jusqu'à la folie par ces princes, passés maîtres dans toutes les extravagances.

Les premières salles sont remplies de statuettes et de groupes en bronze, de mosaïques, d'émaux, de camées, d'ivoires merveilleux représentant des scènes de la mythologie.

Sur des tables de lapis et des étagères en marqueterie s'entre-croisent mille brimborions, mille babioles et bagatelles dont la futilité est relevée par le clinquant de leurs montures dorées et de leurs pierres vraies ou fausses. Ce sont des œufs d'autruche arrangés en coupe, ou découpés et enrichis de peintures; des coquilles gravées; des hanaps et d'autres vases à boire d'une forme bizarre, imitant une bête ou un oiseau, et munis d'un mécanisme automatique.

Un œuf d'or contient une poule d'or, laquelle, à son tour, contient une couronne d'or renfermant un cachet dans lequel se trouve un anneau d'or.

C'est de la chinoiserie, l'art réduit à sculpter des grains de sable, à peindre sur des ailes de mouche, à exécuter des tours de force microscopiques.

Plus loin, dans les hautes armoires, des rangées de plats d'or brillent comme une collection de vieux soleils ; et des coupes ornées de pierreries étincellent comme si l'on y avait enchâssé des étoiles.

Au coup de midi, des horloges aux rouages compliqués, aux cadrans ornés de peintures, font entendre leurs claires sonneries. Elles sonnent comme si la Saxe était encore à l'heure de la gloire.

Hélas ! les aiguilles du Temps ont marché, et celles des fusils prussiens aussi !

Sur les murs de la salle verte se détachent, de distance en distance, des miroirs aux cadres constellés de pierres précieuses. Et de tout côté le regard est attiré par des plats émaillés, des vases byzantins, des émaux, des camées, des coupes taillées dans le cristal, l'onyx, l'agate, telles que devaient en employer les anciens dieux de l'Olympe germanique, dans leurs festins fabuleux du Walhalla.

La dernière salle est le bouquet. On se croirait dans le monde souterrain et enchanté des fées et des kobolds, dans le palais d'un roi de conte bleu. Tout autour de vous se dressent des murs de topaze, d'émeraude, de saphir, de rubis. Les diamants jettent des effluves de lumière, lancent des étincelles, croisent leurs feux et leurs éclairs. On est ébloui, on ne sait plus où l'on est, on voudrait remplir ses poches. Mais tout à coup la voix traînante d'un gardien se fait entendre et vous rappelle à la réalité. Il montre à des dames le gros saphir appelé « le nez de

Pierre le Grand ». Le czar buvait beaucoup et avait probablement le nez rouge comme un saphir.

Parmi les pierres rares entassées dans cette salle se trouve le fameux diamant vert qui ressemble à un œil phosphorescent et satanique. Il vous regarde comme une prunelle vivante, au fond de laquelle vit tout un monde mystérieux et lointain de sorcières, d'alchimistes, de nécromanciens, de gens de sabbat, d'affiliés au diable, dieu du mal et prince du monde. Si Baudelaire l'avait vu, ce diamant aux reflets macabres, quels vers il lui eût inspiré, à lui qui aimait tant ces « yeux polis faits de minéraux charmants » !

Sous la Voûte verte on voit aussi les joyaux de la couronne, comme si cette couronne des rois saxons n'était plus qu'un souvenir historique, un objet d'art, une curiosité !

Avant de sortir, jetons un dernier regard sur l'œuvre d'enfantillage et de patience d'un orfèvre dresdois nommé Dinglinger, qui employa huit années de sa vie à représenter en petites figurines de cuivre la cour du Grand Mogol, telle que l'a décrite Tavernier. Auguste le Fort paya plus de cinquante-huit mille thalers ce jouet de grand enfant.

Chaque année, à l'époque de l'anniversaire de sa naissance, le Grand Mogol était pesé, et, s'il pesait plus que l'année précédente, on se livrait à de grandes réjouissances : car, en Mongolie, où l'on n'estime les hommes que d'après leur poids, c'était là une preuve évidente de la faveur des dieux ; et, aux yeux de son peuple, le monarque engraissé valait bien davantage.

Les fêtes duraient cinq jours.

Le Grand Mogol était exposé comme une idole, sur son trône d'or, dans la cour de son palais recouverte de riches tentures.

Les grands, accourus de toutes les parties du royaume, défilaient devant lui avec les présents qu'ils lui apportaient, tandis que les principales bayadères de la ville exécutaient des danses et des chants. On lui amenait aussi tous ses éléphants qui le saluaient de leurs révérences, en baissant leur trompe et en la relevant trois fois au-dessus de leur tête.

Dinglinger a représenté toutes ces scènes avec une fidélité minutieuse. On dirait la maquette d'un grand ballet d'opéra. Mais que d'art gaspillé, que de travail inutilement perdu !

La collection de porcelaines occupe les salles supérieures du palais royal. On peut la visiter tous les jours, moyennant finances : l'entrée des musées et des collections se paye à Dresde comme l'entrée d'un cirque ou d'un théâtre.

Ce fut Marco Polo qui, le premier, donna aux princes le goût des porcelaines de Chine, en décrivant les admirables poteries qu'il avait vues pendant son séjour au pays des potiches et des petits pieds.

Auguste II acheta les pièces les plus curieuses de sa collection au feld-maréchal Jacob Flemming, qui les avait acquises des marchands hollandais faisant seuls alors le commerce de la porcelaine de Chine.

Il en orna sa résidence d'été, qui fut depuis appelée « le Palais Japonais ».

Comment décrire, sans tomber dans le catalogue, tous ces vases où s'enroulent de si pittoresques arabesques, ces plats tout fleuris de bouquets ou historiés de dragons, ces statuettes, ces bouddhas à trois ventres, ces tasses ornées de reliefs, ces théières autour desquelles volent des grues argentées ou nagent des poissons dorés?

Donnez-vous la peine d'examiner ces tasses. Imagine-t-on quelque chose de plus joli, de plus léger, de plus transparent que cette pâte aux blancheurs bleues dans laquelle palpitent des ailes d'oiseaux, passent des ombres de dragons et de chimères, s'épanouissent des fleurs pâles et mystérieuses comme la fleur des rêves? Ces porcelaines, qui sont les plus belles, sont aussi les plus anciennes de la collection; elles datent de l'an 185 — avant Jésus-Christ, s'il vous plaît.

Dans la même vitrine se trouve le premier spécimen de porcelaine orientale apporté en Saxe. C'est une assiette toute petite, toute mignonne, presque une soucoupe, dont les bords sont incrustés de pierres fines. Un croisé, dit-on, la trouva en Palestine au douzième siècle.

Des armoires sont fleuries de craquelés du quatorzième et du quinzième siècle, provenant en partie de la collection impériale du Palais d'Été.

Sur de grands vases rouges ou bleu de turquoise, des scènes de la vie populaire, comédies et tragédies, sont représentées avec cette fidélité scrupuleuse et réaliste des artistes chinois.

Voici deux soldats qui s'exercent au jeu de la lance. Il y a aussi des Chinois qui pêchent, qui chassent ou cueillent du thé. L'ornementation de ces vases est la chose la plus élégante, la plus gracieuse qui se puisse voir; ce sont des roses, des chrysanthèmes, des fleurs de houblon, noués en couronnes et en guirlandes.

Sur deux grands vases, Louis XIV est peint avec les dames de sa cour; mais celles-ci, sous le pinceau des

Aux environs de Dresde.

artistes chinois, sont devenues de fort belles Chinoises, aux yeux retroussés vers les tempes et aux petits pieds raccourcis.

Encore deux autres vases énormes, hauts d'un mètre. Auguste les acquit du roi de Prusse Frédéric-Guillaume. Comme il n'avait pas d'argent, il les échangea contre un régiment de dragons. — Chez les princes allemands, les hommes étaient une monnaie courante, et ils les estimaient peu, puisqu'il en fallait huit cents pour payer deux vases de porcelaine.

On n'en finirait pas si l'on voulait décrire tous ces grands plats aux riches émaux, illustrés de bouquetières chinoises à la taille de guêpe, au chignon transpercé d'une longue épingle; ces plats ornés de jolies petites Chinoises, si fines et si pâles, qui jouent au milieu des fleurs avec des chevreuils ou des scarabées d'or. Toutes les merveilles de la faïence signées des marques de Yang-Yeint, de Yung-Lo, de Ching-Hwa, sont réunies là comme en un musée fantastique. Cette collection sans pareille renferme des pièces uniques qu'il serait impossible de retrouver aujourd'hui, même en Chine, dans les résidences de l'empereur.

Les porcelaines de Saxe qui remplissent la deuxième salle sont rares et curieuses. Les artistes saxons ont commencé par l'imitation servile de leurs devanciers, les Chinois, les Japonais, les Persans; mais peu à peu ils se sont émancipés et ont cherché des formes personnelles et originales. Ils ont alors trouvé ces Estelles et ces Némorins qui caressent des colombes; ces Lubins et ces Colettes; tous ces personnages d'une grâce archaïque et riante, qui nous reportent bien loin en arrière, dans un siècle de berquinades, de beaux pages, de jeunes princes le chapeau sur l'oreille, en culottes courtes et en bas de soie, le pied chaussé du soulier Louis XV, à haut talon, à boucles d'or ou à bouffettes de velours.

On peut suivre pas à pas les progrès de cet art qui s'est si rapidement développé ; mais que d'expériences, que d'essais, que de tâtonnements avant de trouver ce secret de la fabrication de la porcelaine, si bien gardé par les Orientaux !

C'est en cherchant à faire de l'or que Boettcher trouva la manière de faire de la porcelaine.

Vers la fin du dix-septième siècle, les rois et les princes de l'Allemagne du Nord n'étaient possédés que d'une seule idée : la poursuite du grand œuvre. On eût dit qu'une immense folie s'était emparée de toutes les têtes couronnées. Jour et nuit, on les voyait penchées sur le creuset des alchimistes, attendant la transmutation promise. Il n'y avait pas de principicule qui n'eût, caché dans un coin de son palais, un laboratoire secret où l'on travaillait à la fabrication de la pierre philosophale. Dans son château de Prague, le vieil empereur Rodolphe vivait entouré d'astrologues et de nécromanciens ; Wallenstein avait attaché à sa personne un aventurier italien, Seni, qui lisait l'avenir dans les astres ; les comtes de Reuss avaient pris à leur service un monnayeur du nom de Boettcher, qui devait, par son art mystérieux, leur procurer des richesses inouïes. Mais il mourut inopinément en laissant son secret à son fils.

L'enfant, on ne sait par quelles circonstances, quitta la cour des comtes de Reuss et fut mis en apprentissage chez un apothicaire de Berlin, nommé Zorn.

Un soir que l'apothicaire était seul avec sa femme, il se répandit en récriminations amères contre son jeune apprenti. Il n'osait plus, disait-il, lui confier la prépara-

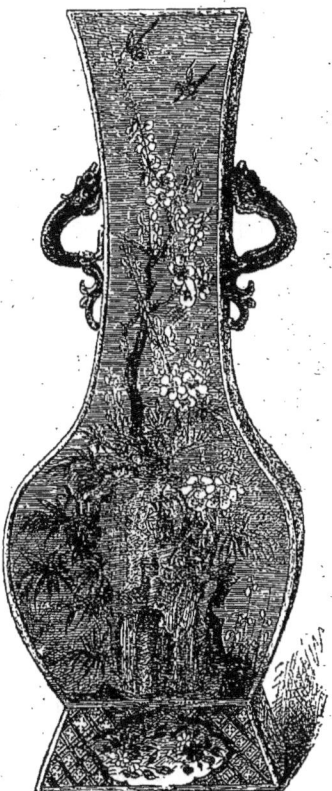
Vase en porcelaine de Chine.

tion d'aucun médicament, tellement il était distrait et absorbé par des livres d'alchimie qu'il cachait sous son oreiller pour les lire pendant la nuit.

— Il faudra que nous le renvoyions, ajouta le pharmacien.

— Ne te presse pas, répondit sa femme. S'il trouvait le secret de faire de l'or?

— Bah! on le cherche depuis si longtemps!...

— Si on le cherche, c'est qu'on espère le trouver... Sais-tu que Boettcher est en relation avec le vieux moine grec qui habite du côté de Potsdam? C'est sans doute lui qui lui a prêté ces livres. On m'a même dit que ce savant homme lui avait donné une fiole remplie d'une teinture fabriquée par lui et qui change en or tous les métaux auxquels on la mélange.

Mme Zorn, personne prudente et avisée, savait ce qui se passait chez elle.

Le vieux moine en question avait effectivement remis à Boettcher divers manuscrits et une petite fiole pleine d'un liquide jaunâtre, infaillible, disait-il, pour transmuer les métaux.

Mais ce que Mme Zorn ignorait, c'est que l'apprenti pharmacien avait fait l'essai de la liqueur devant trois de ses amis, et que l'expérience avait parfaitement réussi. On avait retiré du creuset un morceau d'or de la grosseur d'une noix.

Quelques jours plus tard, Boettcher parla lui-même à son patron du succès de son expérience, et lui demanda la permission de la renouveler devant lui.

Zorn y consentit et convoqua pour le dimanche suivant sa femme, son beau-frère et un pasteur de ses amis.

On se réunit dans son salon.

Boettcher fit éteindre les lumières. Le creuset fut placé sur le feu, et le pasteur y mit lui-même dix-huit petites pièces d'argent pesant environ deux onces.

Dès que l'argent fut en fusion, Boettcher versa quelques

gouttes de son précieux liquide, et aussitôt l'on vit le métal changer de couleur, se colorer en rouge, puis en jaune, et étinceler comme de l'or.

Le pasteur effrayé, croyant à l'intervention du diable, fit de grands signes de croix et se mit à exorciser le jeune homme ; mais il n'emporta pas moins l'or qui se trouvait dans le creuset, et il le vendit à un changeur, qui le déclara très fin et très pur.

Le bruit se répandit bientôt que chez l'apothicaire Zorn il y avait un jeune apprenti qui avait découvert le moyen de fabriquer de l'or.

Les curieux affluèrent dans la pharmacie et la nouvelle alla jusqu'aux oreilles du roi.

Frédéric fit demander en secret à Mme Zorn un échantillon de cet or dont on parlait tant ; et, en échange, il envoya à la femme de l'apothicaire une médaille que la famille a conservée jusqu'à aujourd'hui.

Quand le roi fut convaincu que l'or était de bonne qualité, il comprit le parti qu'il pourrait tirer d'une si belle découverte ; et, pour s'en assurer tout le profit, il songea à s'emparer de la personne de l'inventeur.

Boettcher, averti des projets du roi, craignit le sort de la poule aux œufs d'or et s'enfuit.

Dès que sa disparition fut connue, Frédéric entra dans une grande colère ; il fit publier par tout le royaume qu'une récompense de mille thalers était promise à celui qui arrêterait le fugitif.

Boettcher s'était caché aux environs de Berlin, chez un de ses amis ; mais, comme il ne se sentait pas en sûreté, par une nuit sombre, il gagna la frontière et alla se réfugier dans la petite ville saxonne de Wittemberg. Là, se croyant à l'abri de toute poursuite, il prit ses inscriptions à l'université.

Il comptait sans le roi de Prusse, — un roi avec lequel il faut toujours compter. — Frédéric, un matin, dépêcha ses sbires à Wittemberg pour réclamer l'extradition du malheureux fabricant d'or. On l'arrêta; mais les autorités refusèrent de le livrer aux envoyés du roi, avant d'en avoir référé à Dresde.

Heureusement pour Boettcher, le trésor saxon était épuisé par la guerre qui se prolongeait contre Charles XII. Ce n'était pas le moment de se débarrasser de quelqu'un qui possédait le secret de faire de l'or. Le prince de Furstemberg, chargé de la régence du royaume, et très épris des sciences occultes, ordonna de ne rendre le prisonnier que sur un ordre formel du roi, qui était à Varsovie.

A Potsdam, Frédéric, de plus en plus irrité, appelait ses fonctionnaires des ânes, et ne parlait de rien moins que d'envoyer un corps expéditionnaire contre Wittemberg.

Dans la petite ville, l'inquiétude allait grandissant, lorsque tout à coup on apprit que le prisonnier s'était évadé.

La vérité était que, sur l'ordre d'Auguste II, on l'avait transféré de nuit de Wittemberg à Dresde, où un appartement lui avait été préparé dans le palais du roi.

Les deux conseillers chargés de surveiller Boettcher furent condamnés à partager sa captivité, et tous les serviteurs mis dans le secret durent prêter serment de discrétion absolue.

Boettcher fut à peine dans sa nouvelle prison, que le prince de Furstemberg vint le voir.

— Je dois, lui dit-il, aller rejoindre le roi à Varsovie. Sa Majesté désire que je lui transmette votre recette pour faire de l'or.

— Je suis prêt à vous la donner, répondit Boettcher, et à prouver ainsi la reconnaissance que j'ai pour Sa Majesté. — Le roi de Prusse m'aurait mis entre quatre murs, au pain et à l'eau, tandis que vous, vous me traitez au moins en homme qui peut vous rendre de grands services, et qui mérite des égards... Ah ! si ma recette n'était pas bonne, croyez-vous que Sa Majesté Frédéric de Prusse eût tant tenu à moi?... Mais une des conditions essentielles de réussite, c'est que j'opère moi-même...

Le prince fit comprendre à Boettcher qu'il lui était impossible de l'emmener avec lui à Varsovie.

Habile à se ménager des portes de sortie, l'alchimiste lui dit alors :

— Vous essayerez vous-même, mais je ne puis répondre de l'entière réussite. Et puis, une autre condition est nécessaire : il faut avoir la conscience pure...

Quand Boettcher remit au prince, la veille de son départ, la petite boîte renfermant la poudre qui devait opérer la merveilleuse transmutation, il lui recommanda encore bien de n'opérer qu'en présence du roi ; autrement l'expérience ne réussirait pas.

Le prince de Furstemberg suivit à la lettre les recommandations de Boettcher. Il se confessa et communia. Mais au moment d'opérer, quand le creuset fut sur le feu, le chien du prince sauta sur la chaise où se trouvait la petite boîte, et la poudre se répandit dans toute la chambre.

Furstemberg, très contrarié, écrivit immédiatement à Boettcher pour lui demander ce qu'il devait faire.

L'alchimiste lui répondit :

— Attendre que j'aie fabriqué de nouvelle poudre.

Mais les Suédois gagnaient chaque jour du terrain.

Auguste dut abandonner la Pologne et se replier vers la Saxe.

En rentrant à Dresde, sa première visite fut pour Boettcher.

Celui-ci se plaignit amèrement de sa captivité, et le roi ordonna qu'on lui préparât un appartement plus spacieux, qu'on aménageât une salle de billard et qu'on l'autorisât à recevoir à sa table les officiers et les fonctionnaires chargés de le garder.

Bientôt cependant le roi s'impatienta des lenteurs et du retard que Boettcher mettait à l'accomplissement de ses promesses. A mesure que les Suédois avançaient, les besoins du trésor devenaient plus pressants. Un jour Auguste écrivit à Boettcher que si, à la Saint-Pierre, il ne lui avait pas fabriqué 300,000 thalers, il le livrerait au bourreau.

Le hasard vint en aide à l'alchimiste; le roi tomba de cheval quelque temps avant le terme indiqué, et, croyant sa fin prochaine, il fit appeler Boettcher auprès de lui pour lui demander son secret, qu'il voulait laisser à son fils.

Boettcher ne devait voyager que la nuit; il réussit à tromper son conducteur et il s'enfuit du côté de la Bohême. Mais arrivé à Ems, au delà de Prague, il fut rattrapé par des officiers saxons qui le ramenèrent à Dresde.

Les Suédois, vainqueurs, menaçaient la capitale.

Boettcher, le fabricant d'or, considéré comme une propriété de l'État, fut envoyé à la hâte, avec les joyaux de la couronne, les tableaux et les objets de prix qui ornaient le palais du roi, dans les casemates de Kœnigstein.

Là, avec quelques-uns de ses compagnons, il conçut le projet de s'évader et de livrer la forteresse à Charles XII.

Tout était prêt, quand des remords le prirent; et il se dénonça lui-même.

Après le départ des Suédois, il fut reconduit à Dresde et détenu dans un bâtiment de lugubre mémoire, appelé le *Bastion de la jeune fille*.

Cette jeune fille, — un instrument de supplice tout en fer, dans le genre de celui qu'on voit à Nuremberg, tenait une épée dans chaque main, et dès que le condamné arrivait à sa portée, elle l'enlaçait et lui coupait la tête, qui tombait par une trappe au fond de l'Elbe.

De plus en plus pressé par le roi, sous la menace constante d'être exécuté par « la jeune fille » s'il ne réussissait pas, Boettcher avait confectionné des creusets assez forts pour résister à la plus haute température; aidé par un habile minéralogiste, Kramstein, il était arrivé à des résultats surprenants. Ses creusets étaient en poterie solide, à laquelle il ne manquait que la transparence pour ressembler à de la porcelaine.

Comment rendre cette terre transparente? Cette idée le préoccupait maintenant plus que celle de faire de l'or.

Les plus grandes découvertes sont dues au hasard.

Un matin, Boettcher, frappé de la lourdeur de sa perruque, appela son valet de chambre :

— Quelle est donc cette poudre que tu as achetée hier? lui demanda-t-il en secouant sa perruque. Comme elle est lourde !

— Ah! Monsieur ne sait pas, fit le valet. C'est une poudre nouvelle, bien meilleur marché que l'autre, qui se vend chez tous les perruquiers sous le nom de poudre de Schnorr.

— D'où lui vient ce nom? demanda Boettcher intrigué.

— D'un maître de forges de l'Erzgebirge, appelé Schnorr. On raconte qu'un jour, se promenant à cheval, les sabots de sa monture s'enfoncèrent tout à coup dans une poussière blanche très fine. Le bonhomme eut l'idée d'en recueillir et de s'en servir pour poudrer sa perruque. Cela lui réussit si bien qu'aujourd'hui il en fait le commerce...

Boettcher avait ôté sa perruque pour examiner de près cette nouvelle découverte. Un éclair traversa son esprit; il se demanda si cette poudre minérale ne serait point celle qu'il cherchait pour donner de la transparence à la pâte de ses creusets. Et aussitôt il envoya son domestique en acheter plusieurs livres, et, sans plus tarder, il se mit à l'œuvre.

Il fabriqua d'abord une petite tasse en poudre de Schnorr; après la cuisson, la tasse resta parfaitement blanche, et de plus elle était transparente comme de la vraie porcelaine de Chine.

Boettcher poussa un cri de joie. Il avait enfin trouvé le fameux kaolin qui sert de base aux poteries d'Orient; il informa immédiatement le roi de sa découverte. Auguste en fut si enchanté qu'il lui fit grâce.

Boettcher inscrivit ces deux vers sur la porte de son laboratoire :

Es machte Gott, der grosse Schœpfer,
Aus einem Goldmacher einen Tœpfer[1].

Quand les ateliers du *Bastion de la jeune fille* devinrent trop petits, Sa Majesté nomma Boettcher directeur de la fabrique qu'il avait établie à Meissen. Auguste était si jaloux de cette découverte de la porcelaine que, chaque mois, ouvriers et employés renouvelaient leur serment de garder le secret le plus absolu.

---

1. Dieu, le Créateur tout-puissant, d'un faiseur d'or a fait un potier.

La fabrique de Meissen était du reste soumise à la surveillance la plus sévère. Personne n'y pouvait pénétrer. Les ouvriers logeaient dans l'ancien château fort, dont les ponts-levis ne s'abaissaient que la nuit. S'il se présentait des princes et des hommes d'État, à

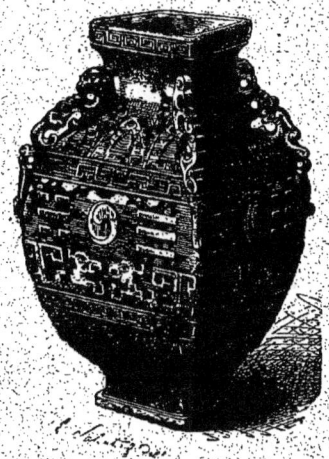

Poterie d'Orient.

qui on ne pouvait refuser l'entrée des ateliers, on leur cachait soigneusement les préparations de la matière première.

La fabrique de Meissen coûtait beaucoup d'argent au roi, mais il en était si fier qu'il n'y regardait pas. Ses porcelaines égalaient les plus belles porcelaines de Chine. Lorsque le roi de Prusse vint à Leipzig, Auguste lui montra de superbes échantillons de ses manufactures, et lui fit de riches présents.

Frédéric ne put cacher son dépit. « Ah! cette canaille d'apothicaire, s'écria-t-il, il aurait bien mieux fait de rester dans mes États ! Sa poterie est bien plus belle que je ne l'aurais jamais pensé ! »

Enfin, en 1714, Boettcher recouvra complètement sa liberté.

Il n'en jouit pas longtemps, car il se jeta, avec toute la fougue de son tempérament ardent et passionné, dans les plaisirs et les excès de tout genre, si bien qu'en 1791, à l'âge de trente-cinq ans, il mourut.

Ses successeurs, Kundler surtout, perfectionnèrent ses modelages en s'essayant dans tous les genres. On fit des fleurs, des insectes, des oiseaux, des statues, des cadrans, des pipes, des tabatières ; on exécuta aussi des miniatures charmantes d'après les maîtres flamands. Kundler est l'auteur du fameux groupe connu sous le nom du *Tailleur du comte de Brühl*. Ce tailleur, curieux et importun, poursuivait sans cesse le comte de Brühl pour obtenir de lui la permission de visiter la fabrique de Meissen. Le comte lui accorda enfin l'autorisation qu'il sollicitait depuis si longtemps. Notre homme, tout joyeux, entre dans les ateliers ; mais bientôt sa mine s'allonge : partout autour de lui se dresse son image dénaturée, parodiée, reproduite en affreuse caricature. Tantôt il est représenté à cheval sur une chèvre ; tantôt seul, grimaçant comme un magot. Il se fâche, et les ouvriers sont obligés de le mettre à la porte.

Mais il n'est pas de secret si bien gardé qui ne finisse par se divulguer. La Saxe, malgré les précautions prises, ne put conserver le monopole de la fabrication de la porcelaine en Europe. Vers le milieu du dix-huitième siècle, la France fonda sa manufacture de Sèvres, et les rois de Prusse en établirent une à Berlin.

A l'angle du château royal, se trouve un autre musée,

celui des armures. Tous ces cavaliers qui vous entourent, ces hommes d'armes bardés de fer, prêts au combat, vous transportent en plein moyen âge, dans le camp des premiers électeurs de Saxe, Henri le Superbe et Henri le Lion.

La salle des tournois est fort belle ; on y voit des cava-

Reitre allemand du quatorzième siècle.

liers, la pique en arrêt, qui se précipitent l'un contre l'autre. Puis, c'est la représentation exacte d'un « jugement de Dieu ». Les deux adversaires sont recouverts d'une carapace de fer qui ne pèse pas moins de cent kilogrammes.

Plusieurs armures équestres sont d'une grande valeur historique et artistique. Citons celle du duc Charles-Emmanuel de Savoie, tout incrustée d'or; celle du roi Édouard II d'Angleterre, du prince Christian d'Anhalt et de l'électeur Christian Ier.

Les autres salles sont décorées, avec un luxe superbe, de casques, de cuirasses, de morions, de gorgerins, de lances, de fusils, d'épées, de poignards et de boucliers. Les siècles de chevalerie et de guerre loyale revivent ici dans une réalité pleine de grandeur et de poésie.

Dans une autre salle sont rangés les trophées des armes françaises conquises en 1814 et en 1870-1871 : aux murs pendent des drapeaux, et sous les vitrines on conserve de pieux souvenirs : le fer du cheval qui tua Frédéric-Auguste III d'un coup de pied, une boucle de cheveux de Napoléon, l'ébauchoir du sculpteur Thorwaldsen, le bâton de chef d'orchestre de Carl Maria Weber.

XIX

LA TERRASSE DE BRUHL

Il semble que Dresde n'a été bâtie que pour le plaisir des yeux. Dans les rues, de tout côté, des promenades charmantes, des jardins publics mettent des paysages d'idylles, la paix heureuse des campagnes, la fraîcheur salubre des bois, des coins de vergers, des bouts de pelouses, des morceaux de lac, des bruits d'ailes et de feuilles, des tapis de mousse et des parterres de fleurs, des sentiers cachés et des ravins couverts.

Il y a le Jardin de la Duchesse, avec son orangerie où s'épanouit la flore puissante des plantes exotiques ; il y a le Jardin du Prince, endormi dans le silence de ses allées d'arbres séculaires ; le Jardin botanique, avec ses palmiers colosses et ses cèdres du Liban ; le parc du Zwinger, avec ses jeunes ombrages aux reflets d'émeraude et son petit lac aux reflets de topaze, peuplé de cygnes blancs et d'embarcations bariolées.

Il y en a d'autres encore, où la rêverie est douce ; mais de toutes ces promenades, de tous ces jardins, aucun n'est plus connu et fréquenté que la terrasse de Brühl. De la place du Château on y monte par un escalier monumental décoré de quatre statues allégoriques : l'Aurore et le Jour, le Crépuscule et la Nuit. Pleine d'arbres, d'air, de gaieté, la terrasse s'étend le long de l'Elbe, presqu'à pic. Par un coucher de soleil, variant les ombres et nuançant le paysage de ses lumineuses caresses, la vue est splendide.

A droite, au-dessus du fleuve, des collines s'étagent, piquées d'arbres et couronnées de vignes, semées de maisons riantes, aux façades roses et aux balcons fleuris. On aperçoit la villa de l'Albertsberg où le prince Albert, frère de l'empereur Guillaume, passe une partie de son temps.

Plus loin, dans l'immensité fuyante de l'horizon, les montagnes de la Suisse saxonne ressemblent à de grandes murailles ruinées, sur lesquelles flottent des draperies de feuillage d'or. On dirait que là-bas, derrière ces barrières énormes de rochers écroulés, commence un pays inconnu de fantastique mystère.

Sur la rive gauche, près de Dresde, là où finissent les faubourgs, se dressent des casernes aux dimensions babyloniennes, mystérieux laboratoires où la Prusse, maintenant maîtresse ici, prépare et élabore l'avenir.

Enfoncée en un bas-fond, vue par en dessus, la ville neuve déploie en face de vous les lignes brisées de ses toits inégaux et montre en raccourci les dômes et les clochers bizarres de ses églises. Un jardin-brasserie penche sur l'eau ses vertes tonnelles qui, chaque soir, s'emplissent de buveurs et de musique. La ville neuve n'a pas le caractère aristocratique des anciens quartiers qui avoisinent le château royal. Les voies sont larges, quelques-unes sont plantées d'arbres. C'est là qu'habitent les officiers, les militaires gradés, les fonctionnaires.

En aval, le pont Auguste, dont Davout fit sauter, en 1813, une arche pour arrêter les Russes et les Prussiens, unit la ville ancienne à la ville neuve. La circulation est fort animée. Des tramways, des voitures, des cavaliers vont et viennent sans cesse. La file noire des piétons donne l'idée d'une fourmilière en marche. Les véhicules ressemblent à des jouets d'enfants.

Au delà du pont, plus en haut, on voit des maisonnettes, piquées de tuiles rouges, accroupies sur la rive comme des lavandières. Et sur le fleuve qui coule plus large, avec une lenteur paisible, glissent mollement de lourdes barques ou des radeaux à longue traîne, troublant silencieusement autour d'eux la moire chatoyante de l'eau. Au pied d'un reste de rempart, des bateaux de caboteurs à l'amarre forment une petite marine ravissante que signerait Krauss.

Dans les flots de l'Elbe, l'Histoire se reflète avec moins de grandeur que dans les flots du Rhin. L'Elbe n'est pas le fleuve « des guerriers et des penseurs », le fleuve de la dure féodalité et de la poésie chevaleresque; les légendes douces ou terribles ne fleurissent pas sur ses bords, les nixes des ballades n'attendent pas les pêcheurs pour les entraîner dans leurs retraites inconnues. Le Rhin a sa littérature, l'Elbe n'a que ses livres de commerce. C'est le fleuve du travail, de l'industrie, de la paix. A Cuxhaven, il se jette à la mer pour tendre les bras à l'Amérique, à l'Australie, à la Chine. De Hambourg à Cuxhaven, c'est par centaines que montent et descendent, dans ce port de vingt-quatre lieues de longueur, les navires, les bateaux, les barques de toute sorte. Comme les oiseaux d'autres zones, comme de grands flamants roses, glissent les chaloupes aux voiles rouges, courant à la rencontre des énormes steamboats. Et, à la marée haute, le fleuve monte sur ses rives pour y déposer sa couronne d'écume. Ce n'est pas sans efforts, sans lutte, sans peine, que l'Elbe arrive à cette royauté. Quels commencements humbles, pénibles et obscurs! Que d'obstacles vaincus! C'est à neuf cents kilomètres de Hambourg, à cent cinquante kilomètres de Dresde, dans les Riesengebirge, les « monts des géants », que le fleuve prend sa source. Sur ces sommets solitaires, formant la limite de la Silésie et de la Bohême, le sapin, ce mélancolique enfant du Nord, disparaît. Plus de végétation. A peine çà et là quelques taches de mousse grise. Ces arides solitudes n'ont cependant pas effrayé le montagnard; il est allé sur le Schneekopf (la tête neigeuse) construire un chalet qui est l'habitation la plus élevée de l'Allemagne. C'est aussi un monument de victoire : l'homme a vaincu la nature.

L'Elbe prend naissance sur le plateau du Schneekopf. Son berceau, que les nuages recouvrent comme d'un duvet humide, est entouré de neiges éternelles. Le fleuve en sort en bondissant, et peu à peu les affluents le font grandir. Quand il se sent assez fort, il s'élance hardiment de rocher en rocher; il saute dans la vallée et se met à courir dans la plaine, non comme un don Quichotte en quête d'aventures, mais comme un habile et laborieux ouvrier, disposé à travailler sans relâche et de bon cœur. C'est le *bursch*, le compagnon qui entreprend son tour d'Allemagne. Il s'allie, en sortant de Wilmick, avec une vaillante jeune fille, la Moldau, qui l'aide désormais dans sa besogne.

Les chaînes gigantesques de l'Erzgebirge et des montagnes de la Lusace essayent vainement de barrer passage au jeune couple. Il se fraye un chemin à travers les défilés, et les échos répercutent ses cris de triomphe. Après avoir forcé les portes de la Bohême, il promène ses flots au milieu de la Suisse saxonne. Mais il ne s'amollit pas dans son triomphe. Il continue bravement sa besogne, tourne la roue des moulins en chantant, fait grincer les scies, met les métiers en mouvement, transporte les bois, dépose sur ses rives un joli sable fin, très recherché pour la construction, dérobe à la montagne de petits cailloux polis, qui servent à l'entretien des routes. Il se plaît dans cette nature austère, qui lui rappelle son origine. La Suisse saxonne, comme les Riesengebirge, est peuplée de hardis montagnards et de pittoresques villages où l'ouvrier vit, côte à côte, avec le laboureur. Ici des rochers perpendiculaires, là des forêts verdoyantes ou des pâturages veloutés servent de rives au fleuve. Et l'on dirait qu'au milieu d'eux il ralentit son cours : « Pourquoi, lui a dit un poète, sembles-tu t'arrêter pour contempler le gracieux aspect de tes rives? Voudrais-tu peut-être remonter à ta source ; ces lieux te donnent-ils envie de revoir ton berceau ? Mais il faut que tu poursuives ta route vers la plaine ; une puissance invincible te pousse ; tu verras ton lit s'élargir, tu deviendras un des instruments de l'homme dans ses ambitions. Tu seras vieux alors, la gaieté de la jeunesse t'abandonnera, il n'y aura plus de collines et de forêts pour t'abriter, et tes flots épuisés mourront au sein des mers ! »

Autrefois, l'Elbe ne transportait dans ces méandres de la Suisse saxonne que des canots de pêcheurs. Aujourd'hui, les bateaux à vapeur sillonnent le fleuve en tout sens, et l'on se rend en un jour de Dresde à Melzik, qu'on a justement surnommé le « paradis de la Bohême ». Ce service régulier de navigation a fait connaître la Suisse saxonne et lui amène chaque année de nombreux visiteurs. Il ne faudrait pas cependant y aller chercher des glaciers comme dans le Valais, des cascades comme dans l'Oberland bernois, des sommets inaccessibles comme aux sources du Rhin et du Rhône. La Suisse saxonne est la Suisse des enfants et la « tranquillité des parents ». Ses torrents sont la majeure partie de l'année à sec, ses ponts sont munis de solides balustrades ; on a taillé des escaliers dans les flancs des montagnes, et l'ascension de ses pics est moins dangereuse que celle de la colonne Vendôme. On se promène en pantoufles dans les sentiers ratissés, et l'on va voir le lever du soleil en robe de chambre. Mais l'homme du Nord n'a guère le droit de se montrer difficile ; il doit s'estimer heureux que le Créateur se soit chargé lui-même d'élever gratuitement des Buttes-Chaumont à quatre ou cinq heures de Berlin.

Dans ces vallées, que Gulliver eût enjambées, pas de cascades désordonnées, pas de précipices vertigineux, pas de pointe de granit qui éventre les nuées ! Des ruisseaux dorment sous les ombrages ou sautillent de pierre en pierre avec un tintement argentin ; les agneaux y boivent sans crainte du loup, les pigeons y roucoulent sans crainte de l'épervier. Les villages sont tout petits ; on dirait des maisons sorties d'une boîte de jouets et posées par la main d'un enfant. Un touriste a dit avec succès que la Suisse saxonne avait été fabriquée à Nuremberg et envoyée à Dresde, proprement ficelée et emballée, pour le plaisir de l'Électeur. Il semble, en effet, que chaque soir des domestiques roulent ces tapis de vertes prairies, serrent ces arbres que l'ouragan pourrait emporter, tournent le robinet de ces sources limpides, et reviennent à l'aube tout remettre en place après l'avoir épousseté soigneusement.

En sortant des défilés de la Suisse saxonne, l'Elbe

s'avance lentement, comme pour se reposer, à travers un pays plat, entrecoupé çà et là de bouquets d'arbres, de carrés de champs et de maisons de ferme. Elle passe au pied du château de Pillnitz, qui ne jette pas un bien vif éclat. C'est la résidence d'été de la cour de Dresde. Le château est neuf; c'est une affreuse agglomération de tous les styles. Il y a quelques années, les curieux étaient

Entrée de Tilly dans Magdebourg.

encore admis à assister, du haut des galeries de la salle à manger, au dîner du roi. L'entrée des jardins était également permise à « toute personne qui ne fumait pas ». On y voyait des serres splendides, et, dans une cage de fer, deux ours de Sibérie, présent de l'empereur Alexandre.

Les rives s'animent, les bateaux à vapeur se multiplient, des bruits de musique retentissent à droite et à gauche : les concerts commencent de bonne heure dans les jardins-brasseries de Dresde.

A Wittemberg, l'Elbe, quittant cette molle terre saxonne, reprend possession de lui-même, se réveille joyeux dans son lit, quitte son peignoir aux fils d'argent et remet la livrée du travail.

Wittemberg est morne et triste, et le fleuve passe vite : car là-bas, près de Magdebourg, c'est l'activité, c'est la vie qui l'attend.

Magdebourg, où l'Elbe arrive après mille circuits et après avoir reçu le tribut de cinquante rivières et de trois cents ruisseaux, est une des villes les plus importantes de l'Allemagne septentrionale. C'est un centre industriel, une place de commerce considérable. Avant 1870, Magdebourg passait pour une forteresse de première classe. Une armée de cinquante mille hommes n'eût pas suffi à l'investir. La Prusse n'a plus besoin maintenant de forteresse pour tenir la Saxe et les autres petits États en respect, et la citadelle, qui s'élève sur une île de l'Elbe, sert aujourd'hui de prison. Les casemates du *Furstenwall*, — la plus belle promenade de Magdebourg, — au pied desquelles se trouve le débarcadère des bateaux à vapeur, ont été tranformées en cafés et en brasseries. La seule boisson guerrière qui s'y débite s'appelle la bière de Mars.

Tilly a marqué son passage dans la malheureuse ville par des massacres qui rappellent la destruction de Jérusalem. Il fit passer au fil de l'épée ou brûler vifs plus de trente mille habitants, sans distinction d'âge ni de sexe, et il grava ces mots sur la porte par laquelle il était entré, et qui est restée murée : « *Souvenez-vous du 10 mai 1631.* » Magdebourg, que Tilly assiégea deux ans, s'est rendue aux Français après quatorze jours d'investissement. En 1813, le chef-lieu du département de l'Elbe fut si bien défendu par sa garnison de vétérans des guerres d'Italie, que les alliés durent attendre la paix de Paris avant qu'elle capitulât.

A partir de Magdebourg, l'Elbe atteint les proportions d'un grand fleuve marchand, d'une sorte de Tamise allemande. Les embarcations se croisent et s'entre-croisent, chargées de vins, de blés, de marchandises anglaises, françaises et américaines; c'est un va-et-vient continu, un bruit de rames et de machines à vapeur, le tumulte d'une vaste usine qui met tout un pays en mouvement. Et à Hambourg cettte activité s'accentue encore plus ; l'Elbe y prend son véritable caractère de fleuve du travail et de la paix.

XIX

LEIPZIG

Me voici de nouveau dans la vraie Prusse : l'aspect du pays, la forme des habitations, les mœurs et les habitudes se distinguent par des différences essentielles ; les choses, comme les gens, ont l'accent prussien. Ce ne sont plus de petits vallons pleins de fraîcheur, des bois aux teintes vert tendre, des villages riants cachés derrière un rideau d'arbres : la terre est ici pauvre, presque inculte ; dans ces plaines qui se déroulent avec l'immensité du désert, on distingue des groupes de trois ou quatre femmes, pieds nus, la tête cachée sous un mouchoir rouge, bêchant péniblement un champ ou creusant un sillon.

La végétation est en retard, les lilas à peine éclos, les blés courts et malingres ; des peupliers, rangés en ligne comme des soldats à la lisière d'un champ qu'ils semblent garder, remplacent les arbres fruitiers ; les habitation petites, basses, ont l'aspect de taupinières. Leurs murs, mélange de paille et de boue, sont troués d'une ou deux lucarnes sombres.

A chaque station, entre Dresde et Leipzig, on croise des trains de quatrième classe, sortes de cages de ménagerie, dans lesquelles s'agitent des hommes et des femmes, amas indéfinissable de robes en loques, de pieds nus, de vieux habits troués et de bottes éculées. On rencontre aussi des convois de militaires, que précèdent ou suivent des wagons de cochons blancs.

La cuisine est en harmonie avec le reste. « Dis-moi ce que tu manges, je te dirai qui tu es. » Il faut avoir trois qualités essentielles pour affronter les restaurants et les tables d'hôte : peu de scrupules sur la propreté, une patience à toute épreuve et un estomac blindé comme une frégate. On jurerait que tous les empoisonneurs célèbres se sont donné rendez-vous en Prusse pour continuer impunément leur métier.

On commence le dîner par un potage à la bière ou aux œufs de harengs ; on vous sert ensuite du bœuf avec de la compote aux pruneaux; puis viennent une succession de ragoûts au poivre rouge, au fond desquels vous découvrez des détritus de légumes, des restes d'ossements de poules déjà à l'état fossile. Le rôti de veau traditionnel nage dans une sauce noire comme de l'encre, poisseuse et d'un goût sucré ; on vous sert également du chevreuil avec de la salade d'oranges mélangées à des petits pois. Le poisson ne fait son apparition qu'avant le dessert, avec des asperges à côtes dures comme des baïonnettes. Il est de bon ton de ne pas les manger à la française, mais de les hacher menu sur son assiette.

Le maître de l'hôtel préside souvent au dîner; après avoir servi le potage, il prend place au haut de la table et ne manque jamais de boire les meilleurs vins de sa

Bataille de Leipzig. (Dessin de Pauquet, 1843.)

cave, pour donner le bon exemple. Pendant ce temps, sa femme mange à la cuisine, dans la société des domestiques.

Ici, à Leipzig, les souvenirs, les monuments, les fêtes populaires, tout entretient la haine contre la France, l'« *Erbfeind* », comme on l'appelle, « l'ennemie héréditaire ». Si vous ne savez pas l'allemand, parlez bas. Les oreilles se dressent menaçantes aux accents sonores de la phrase gauloise, et les marchands ne manquent pas de vous traiter de maure à chrétien. Non seulement ils ne vous rendent pas exactement votre monnaie, mais ils exercent encore sur vous un autre droit de contribution de guerre indirecte, en doublant le prix de leurs marchandises.

Les historiens ne peuvent indiquer au juste l'origine de Leipzig. On sait seulement qu'en 724 c'était un pauvre village de pêcheurs, comme Francfort; et l'on croit que ce fut l'apôtre de l'Allemagne, Winfried, qui les convertit au christianisme et y éleva la petite église de Saint-Jacques. Henri II entoura la cité naissante de fossés et de remparts, et y établit des marchés pour la vente des blés, du bétail, des fruits et du sel. Le landgrave Albert ayant été empoisonné, son frère fit détruire les fortifications et élever à leur place trois forteresses pour tenir la ville en respect. Mais, à sa mort, les Leipzicois les prirent d'assaut et les donnèrent à des moines pour y installer leur couvent. En 1273, la ville obtint le droit de battre monnaie. A cette époque, déjà beaucoup de marchands lombards et juifs étaient venus s'établir dans ses murs. Un événement désastreux contribua beaucoup à l'agrandissement de Leipzig. En 1420, un incendie consuma quatre cents maisons bourgeoises et quantité de cabanes encore recouvertes de chaume. Le désastre fut promptement réparé, les quartiers ravagés rebâtis avec plus d'ampleur et de solidité, les cabanes devinrent de grandes et belles maisons.

Au quinzième siècle, la découverte du cap de Bonne-Espérance porta cette prospérité à son comble. Jusqu'alors le commerce de transit avec les Indes avait suivi la voie d'Erfurt et de Nuremberg; il prit désormais la route de Leipzig. Une autre source de richesse pour la ville, ce fut l'université, fondée en 1409 par l'électeur Frédéric le Belliqueux, sanctionnée par une bulle du pape Alexandre V, et qui attirait chaque année des milliers d'étudiants.

Les princes se réunissaient à Leipzig au temps des foires et avaient l'habitude de visiter les boutiques avec leur famille. Ils contribuaient par leurs achats à entretenir le goût du luxe parmi la noblesse. Les marchands étrangers étaient les bienvenus, et le pape Léon X avait stipulé en leur faveur qu'on ne pourrait pas les poursuivre pour dettes pendant la foire. Tous les convois de marchandises qui traversaient le pays étaient obligés de s'arrêter à Leipzig, et de mettre, pendant trois jours, leurs marchandises en vente. A la révocation de l'édit de Nantes, plusieurs familles de commerçants français émigrèrent sur les bords de la Pleisse. En 1678, on construisit une Bourse, et le 11 janvier 1683 le tribunal de commerce tint sa première séance. Jean Gaillac et les frères Dufour essayèrent, en 1699, de fonder une banque au capital de deux millions de thalers.

En 1720, il y avait déjà à Leipzig 136 maisons de commerce en gros, 150 marchands et 19 libraires. Cinquante ans plus tard, nous y trouvons 15 banquiers, 19 commerçants en soieries, 9 marchands d'articles anglais, 16 marchands de draps, 38 marchands de denrées coloniales, 28 commissionnaires en marchandises, 20 libraires.

En 1853, ces derniers étaient au nombre de 150; ils sont 360 aujourd'hui [1].

Deux fois par an, vous le savez, l'Allemagne dresse son bilan intellectuel. Le libraire Heinrichs publie, en janvier et en juillet, la liste de tous les ouvrages parus pendant le semestre écoulé. Que de papier noirci, que d'idées remuées, que de livres qui sortent de l'atelier du brocheur pour retourner sous le pilon ou s'envoler en cornets! Voulez-vous quelques chiffres? Vous allez être servi à souhait. Un de mes amis a eu la patience d'additionner un de ces catalogues.

De janvier à la fin de juin 1872, il a été publié en Allemagne environ 6,000 volumes, c'est-à-dire en moyenne 39 volumes par jour, un peu plus que Dumas en écrivait en une année! Ces 6,000 volumes contiennent quelque chose comme 1,800,000 pages, ce qui donne 10,000 pages par jour. Un lecteur assidu lisant quinze heures par jour n'en pourrait pas lire la cinquième partie. En comptant une production de 10 pages par jour, il a donc fallu plus de 1,000 auteurs travaillant un an sans une minute de repos.

La librairie allemande est organisée de façon que tous les livres qui paraissent doivent passer par Leipzig. C'est le grand réservoir littéraire de l'Allemagne. Avez-vous besoin d'un ouvrage qui a paru à Mayence ou à Stettin, à Iéna ou à Tubingue, c'est à Leipzig que vous devez vous adresser ou que s'adressera votre libraire; car c'est vers ce centre que tous les éditeurs allemands dirigent leurs éditions. Ils ont là leurs représentants et leurs com-

---

[1]. Une statistique récente porte à 4,369 le nombre actuel des librairies, éditeurs, etc., dans toute l'Allemagne. Il y a 1,074 éditeurs, 173 éditeurs d'œuvres artistiques, 93 éditeurs de musique, 118 librairies artistiques, 146 librairies musicales, 86 librairies anciennes, 2,608 librairies d'ouvrages divers, 69 commissionnaires.

missionnaires, chargés de la vente, des annonces, de toutes les bagatelles de la réclame. Si ce point central n'existait pas, les livres allemands, qui sont déjà d'un prix excessif, atteindraient à des prix fabuleux. Calculez à combien reviendrait à Paris un ouvrage que vous feriez venir de Posen ou de Dantzig. Le commissionnaire de Leipzig n'envoie pas le livre demandé seul, il attend un certain nombre de commandes et expédie alors seulement son ballot.

Jusqu'à ces derniers temps, les éditeurs allemands payaient fort mal le travail de la pensée et s'entendaient comme larrons en foire pour vivre aux dépens des auteurs qui avaient de la vogue. Gœthe lui-même ne recevait en échange de son manuscrit que deux ou trois exemplaires de l'ouvrage imprimé. C'était une générosité exceptionnelle qu'un éditeur y ajoutât un service en porcelaine de Saxe. Schiller, mort dans la misère, a enrichi M. Cotta d'une poignée de millions. Aujourd'hui, cependant, un roman de M. Berthold Auerbach, l'auteur des *Histoires de la forêt Noire*, se paye de quinze à vingt francs.

Rien de plus animé, de plus gai que les foires de Leipzig. Elles ont lieu à Pâques et à la Saint-Michel, et durent quatre semaines. La ville se transforme en dock immense; c'est un entassement, une tour de Babel de marchandises. Partout des boutiques, des baraques en plein vent; on enlève les portes et les fenêtres des magasins; de longues banderoles de toile flottent à toutes les façades, annonçant des déballages et des nouveautés. On entend résonner tous les idiomes, et il n'est pas rare de rencontrer des Grecs, des Turcs, dans leur pittoresque costume. C'est une véritable kermesse hollandaise, un joyeux tableau de peintre flamand, plein de vie et d'éclat, de propos graves et doux, de chocs de verres, de bruits de tambours et de trompettes : car tous les saltimbanques de l'empire, tous les avaleurs de sabre, toutes les musiques ambulantes se sont dirigés sur la ville. La municipalité de Leipzig engage, dit-on, pour ces jours de fêtes et d'affaires, tous les musiciens qui se présentent, et les envoie jouer à la porte des hôtels et des restaurants à l'heure des repas.

Le marché auquel j'ai assisté avant-hier n'est qu'un écho affaibli et lointain de ces journées mémorables. L'aspect en est toutefois original. Les marchands se tiennent à l'abri du soleil, sous d'immenses parasols rouges, bleus ou jaunes. Des enfants, tête et pieds nus, dirigent des attelages de chiens qui tirent piteusement la langue. Là, c'est une vendeuse de poissons salés, de harengs, de thon, d'anguilles fumées ; ici, c'est une cuisine portative qui lance des bouffées de vapeur ; des femmes dévorent des saucisses à belles dents et boivent de la bière à pleins verres. Mais voici le côté lugubre : un étalage de cercueils à bon marché. Le marchand appelle la pratique en battant une marche avec ses doigts sur les caisses vides. On peut choisir là, à l'avance, sa dernière demeure, son dernier habit de chêne ou de sapin, avec des clous dorés ou de simples clous de fer. J'ai vu un vieillard s'approcher, dénouer le coin de son mouchoir, faire tomber trois thalers dans la main du marchand, et s'en aller en emportant son cercueil sur les épaules.

La place du Marché est imposante et belle, avec ses hautes maisons graves et massives, d'une architecture presque babylonienne. Quelques-unes sont noires et enfumées comme si elles avaient subi l'épreuve du feu. L'hôtel de ville est une construction très remarquable, qui date de 1556. Ses fenêtres sont ornées de merveilleuses grilles qui lui prêtent un caractère de sombre puissance. On montre encore la salle où le juge brisait les verges devant le condamné à mort, et l'endroit où les femmes « qui s'étaient battues dans la rue » étaient exposées dans une cage.

La Bourse s'élève derrière l'hôtel de ville.

C'est un pavillon dans le style rococo, avec les statues de Mercure, d'Apollon, de Pallas et de Vénus sur le faîte. Voilà certes des boursicotiers bien protégés et qui doivent connaître les métamorphoses de la mythologie païenne ! Je me suis mêlé un instant à cette société ; mais j'ai rencontré des figures si sinistres, des habits si crasseux et si troués, que j'ai rapidement regagné la rue en écoutant anxieusement si ma montre palpitait encore.

J'étais à deux pas de l'*Auerbachskeller*, la « cave d'Auerbach », dans laquelle Gœthe a placé une des scènes les plus fantastiques de son *Faust*. On y descend par un escalier noir ; les murs sont couverts de fresques représentant les exercices de magie auxquels se livra Méphisto en présence des étudiants qu'il y trouva attablés.

« Je dois, dit le Diable au docteur Faust en l'entraînant dans cette cave, je dois avant toute chose t'introduire en joyeuse compagnie, afin que tu voies comme on mène aisément bonne vie. Pour cette race, pas un jour qui ne soit une fête. Avec peu d'esprit et beaucoup de contentement, chacun tourne dans un cercle étroit, comme de jeunes chats jouant avec leur queue. Pourvu qu'ils aient la tête libre, tant que l'hôte leur fait crédit, ils sont joyeux et sans soucis. »

Faust s'approche des étudiants qui boivent, leur souhaite le bonjour et s'assied à côté d'eux. La conversation s'engage.

Méphisto offre à boire à ceux qui l'ont écouté.

« Que chacun, dit-il, choisisse un vin à son gré. — Moi, répond l'étudiant Frosch, je demande du vin du Rhin. La patrie fournit encore ce qu'il y a de mieux. — Je veux, ajoute Brander, du vin de Champagne, et qu'il soit bien mousseux. On ne peut pas toujours s'abstenir des produits de l'étranger, et les bonnes choses sont souvent si loin de nous ! Un véritable Allemand ne peut souffrir les Français, et cependant il boit leurs vins volontiers. »

Méphisto, qui a percé à l'aide d'un foret des trous dans le rebord de la table, fredonne ce couplet avec des gestes bizarres :

> La vigne porte du raisin
> Et le bouc des cornes ; — le vin
> Est suc et rosée agréable,
> Le cep, bois dur comme l'airain.
> — Pourquoi le bois de cette table
> Ne donnerait-il pas du vin ?
> Un long coup d'œil dans la nature
> Fait le miracle, je vous le jure[1].

Et il ordonne à ceux qui regardent d'un air d'étonnement et de doute de tirer les tampons qu'il a placés dans les trous de la table. O merveille ! le vin jaillit, c'est du johannisberg, du champagne, du tokay. Les étudiants boivent rasade sur rasade.

Le docteur Faust veut se retirer. Méphisto le retient en lui disant : « Vois comme ils sont heureux ! Encore quelques minutes, et tu vas voir la bestialité se montrer dans toute sa gloire. »

1. Traduction Henri Blaze.

Mais l'étudiant Siebel a oublié la recommandation de Méphisto de ne pas répandre de vin à terre ; il vient d'en verser quelques gouttes qui se sont aussitôt changées en flammes. « Au secours ! au feu ! à l'aide ! crie-t-il. L'enfer s'allume ! » Pendant que Siebel et Frosch se prennent de querelle avec Méphisto, un autre buveur, Altmayer, a tiré un bouchon de la table et une traînée de feu jaillit et l'atteint.

Les étudiants prennent leurs couteaux et s'élancent sur Méphisto, qui les transporte en d'autres lieux en prononçant cette incantation :

> Enchantements, illusion,
> Troublent les lieux et la raison ;
> Soyez ici et là !

Ils se trouvent sur un coteau de vigne, au milieu des grappes de raisin et des pampres verts.
Mais Méphisto continue avec des gestes graves :

> Erreur, laisse tomber le bandeau de leurs yeux,
> Qu'ils voient tous comment le Diable raille !

Puis il disparaît avec Faust, laissant les compères qui le tenaient par le collet échanger cette singulière conversation :

Siebel. — Qu'y a-t-il ?

Altmayer. — Quoi ?

Frosch. — C'était donc ton nez ?

Brander, *à Siebel*. — Et j'ai le tien dans la main.

Altmayer. — Quel coup c'était ! On s'en ressent dans tous les membres. Vite, une chaise ! Je tombe en défaillance !

Frosch. — Non ; dites-moi seulement, qu'est-il arrivé ?

Siebel. — Où est le drôle? Si jamais je le dépiste, il ne sortira pas vivant de mes mains.

Altmayer. — Je l'ai vu passer par la porte de la cave, à cheval sur une tonne. — J'ai les pieds lourds comme du plomb. (*Se tournant du côté de la table.*) Ma foi, si le vin en coulait encore !

Siebel. — Mensonge que tout cela ! illusion, apparence !

Une ancienne gravure et un vieux tonneau dont l'authenticité est assez douteuse perpétuent ce souvenir. On lit cette légende sous la gravure qui représente le docteur Faust chevauchant hors de la cave sur le tonneau enchanté :

Doctor Favstvs zv dieser frist avs averrbachs keller geritten ist, avf einen fasz mit wein geschwint, welches gesehen viel mvtter kind. Solches durch seine svbtilne kvnst hat gethan vnd des Tevfels lohn empfangen davon. (1525 [1].)

Nous ne saurions quitter cette rue historique sans entrer encore dans une de ces vieilles maisons de commerçants du seizième siècle. Le Barthelshof est devant nous, élevant sa tourelle dans les airs. Il a été bâti en 1523, par un riche commerçant, qui, dit la chronique, possédait une tonne d'or. Son fils équipa cinq chevaliers pour aller combattre contre les Turcs. Cette ancienne construction a conservé la physionomie du temps : vaste escalier, corridors spacieux, chambres hautes, salles qui occupent tout un étage. Les propriétaires ne construisaient pas encore pour les locataires, mais pour eux. Les magasins

---

[1]. Le Dr Faust, pendant ce temps, s'est enfui hors de la cave d'Auerbach, à cheval sur un tonneau rempli de vin. Des mères, des enfants l'ont vu. Il se livrait à des sortilèges, et c'est pourquoi il a reçu du diable sa récompense. (1525.)

étaient au rez-de-chaussée ; dans la cour, il y avait une table chargée de rafraîchissements pour les clients. Les apprentis et les commis logeaient sous le même toit que le patron ; ils étaient à portée de sa surveillance et de ses conseils.

Je ne pouvais quitter Leipzig sans visiter le champ de bataille. Son étendue est immense. A le parcourir tout entier, on emploierait plusieurs jours. Le sol de cette grande plaine est mouvementé comme une mer agitée d'une tempête éternelle. Des monticules se dressent çà et là, pareils à des pointes de vagues ; et les villages que l'œil découvre au loin ressemblent à une flottille de barques à l'ancre. Les forêts font des taches toutes noires, pareilles à des îles. On s'étonne de ne pas voir les flots verts des grandes herbes rouler encore des cadavres.

La nuit du 15 octobre 1813, cent quatre-vingt mille Français campaient dans cette plaine.

Quand les trois fusées blanches du prince de Schwartzenberg et les quatre fusées rouges qui étaient la réponse de l'armée de Silésie, arrivant par le nord, de l'autre côté de Leipzig, retombèrent du ciel en pluie d'étincelles, l'armée française eut un frisson de joie. Enfin, on allait en finir !

La confiance dans l'Empereur n'avait pas diminué. On était sûr de la victoire.

A la pointe du jour, les tambours battent, les clairons sonnent, les vieux drapeaux déchiquetés par les balles, dans mille et une batailles, ont comme un frémissement d'impatience et d'orgueil.

L'armée prend ses positions et attend.

Elle est superbe.

Trois coups de canon, tirés à intervalles égaux, éveillent les échos.

Un signal?

Oui, celui des alliés prêts à l'attaque.

Dans le petit jour qui se lève, on distingue vaguement leurs lignes qui vont se perdre jusqu'à l'horizon.

Aussitôt mille bouches à feu russes, prussiennes et autrichiennes crachent la mitraille, et six cents canons français leur donnent la réplique.

C'est un vacarme d'enfer, on ne s'entend plus, on ne se voit plus; entre ciel et terre flottent de longs nuages de fumée semblables à des linceuls.

Le bruit va grossissant.

La terre tremble. A Leipzig, on croit à la fin du monde.

Les alliés marchent en avant. Le général Kleist se dirige vers Markklerberg, le prince de Wurtemberg pénètre dans Wachau, les Autrichiens s'emparent de Kolmberg.

Ce premier choc fait plier les Français.

L'Empereur s'emporte, il vole aux endroits menacés et s'approche si près de l'ennemi que plusieurs officiers de sa suite sont tués à ses côtés.

Les alliés remplissent Wachau de leurs hourras. Mais, lorsqu'ils veulent en sortir, tout à coup, les hauteurs voisines s'allument comme des volcans. Écrasés par un feu d'artillerie épouvantable, les Russes et les Prussiens fuient, en abandonnant leurs canons. Ils se retirent dans les lignes qu'ils occupaient le matin.

Vers le soir, ils tentent un dernier assaut contre Wachau, que les Français ont repris. Mais ils se brisent contre des barricades et sont poursuivis jusqu'à Guelden-Gossa.

Si Guelden-Gossa est enlevé, les alliés sont coupés et rejetés dans les marais de Gossel.

Les Français font des prodiges, ils délogent à la baïonnette les Prussiens qui se sont retranchés dans les premières maisons ; ils avancent en tuant, en marchant sur les cadavres, au milieu des coups de feu à bout portant, des cris et des hurlements des blessés. Ils sont déjà au centre du village ; ils ont enlevé une batterie de vingt-deux canons. Cent pas encore, et ils seront au pied de la colline sur laquelle les monarques alliés se sont réunis pour suivre les péripéties de l'affreuse bataille.

Ils avancent toujours, plus acharnés, plus téméraires, comme si rien ne pouvait les arrêter. Il n'y a plus que l'étang de Gossa qui les sépare du monticule.

Le roi de Prusse et l'empereur d'Autriche se lèvent pour fuir.

Mais le czar les arrête et leur dit avec calme :

— Attendez !

Et, se penchant vers un de ses aides de-camp, il lui donne des ordres à voix basse, et se rassied, tranquille, sur sa chaise de bois enlevée à une ferme.

Alors on entend comme le bruit d'une avalanche qui se détache.

Une grande masse noire, hérissée de pointes, roule dans la plaine avec fracas.

Des cris sauvages déchirent l'air.

On dirait une légion de démons qui passe.

Qu'est-ce ?

Ce sont les Cosaques du Don, qui se précipitent pour sauver le czar.

Le choc de cette horde qui semble vomie par l'enfer fait plier l'armée française. Elle recule au moment où les cloches de Leipzig sonnent le tocsin, — le glas des armées alliées !

Murat pleure de honte. L'Empereur est pâle, les dents serrées, l'œil fixe.

Guelden-Gossa a dû être abandonné. Avant la tombée de la nuit, une dernière et suprême tentative est faite pour reprendre cette position perdue. Mais l'artillerie ennemie s'est concentrée sur ce point; il est impossible de la déloger. De part et d'autre, on se bat avec un acharnement féroce. Le fracas de la bataille est si terrible que les habitants de Gossa, réfugiés dans les caves du château, tombent à genoux et prient, croyant leur dernière heure arrivée.

On se bat de nouveau sur toute la ligne. Les Français tentent un grand effort sur quelques points, ils gagnent du terrain. Mais Blücher, que Napoléon n'attendait pas de sitôt, surgit tout à coup avec des troupes fraîches et renverse toutes les combinaisons et les espérances de l'Empereur.

Cependant on se bat avec plus d'acharnement que jamais. Après une lutte désespérée de deux heures, les Français sont rejetés de l'autre côté de la Partha. Et au moment où le rideau tombe sur le premier acte du drame, huit villages brûlent, huit villages en flammes éclairent de leurs sinistres lueurs la plaine jonchée de mourants et de morts.

Le lendemain, Napoléon demanda une suspension d'armes. On la lui refusa : de tout côté les alliés recevaient des renforts. On eût dit que l'Europe s'était donné le mot pour traquer Bonaparte.

Ney, chargé de défendre toute la ligne depuis Holzhausen jusqu'à la Partha, se vit attaqué de deux côtés à la fois. Il dut reculer sous les murs de Leipzig.

Au midi, les Russes s'emparèrent de Schœnfeld.

Marmont soutint quatre assauts et n'abandonna le village que lorsque toutes les maisons furent en feu.

Enfin la trahison des Saxons décida du sort de la

deuxième journée. A l'approche des Russes, ils tournèrent leur artillerie contre les Français et les mitraillèrent.

Napoléon envoya sa garde pour les châtier, mais elle se choqua contre des forces quatre fois supérieures.

Le vaste cercle que l'armée française formait autour de Leipzig était brisé...

La nuit vint.

Napoléon ne pouvait s'arracher du champ de bataille. Il était sur une petite colline, près de Probsheida, il se chauffait à un grand feu.

Chargé de commander la retraite, Berthier dictait la marche à ses aides de camp réunis autour d'un autre feu.

Sur la vaste plaine régnait maintenant un silence sépulcral.

Des lueurs d'incendie éclairaient l'horizon.

L'Empereur avait fini par s'asseoir et, la tête appuyée dans ses mains, il s'était assoupi. Un quart d'heure se passa. Alors, se réveillant en sursaut, il jeta autour de lui un regard étonné.

Des incendies continuaient à éclairer le ciel, et, à quelques pas de lui, il aperçut ses généraux mornes et désespérés.

La retraite avait commencé.

Napoléon embrassa d'un dernier regard la plaine où il avait combattu deux jours entiers ; puis, montant à cheval, il rentra dans Leipzig, vers les dix heures du soir, au moment où la ville s'emplissait de blessés, comme pour lui montrer l'étendue de son désastre.

Probsheida, clef des positions françaises pendant la journée du 18, n'a pas conservé trace de la lutte acharnée qui s'y livra. Les maisons ont un air de coquetterie qui vous fait sourire : elles sont peintes en rose, et leurs jardins sont pleins de fleurs.

En descendant à l'auberge, pendant que mon cheval mangeait l'avoine, je causais avec un vieillard, contemporain de l'épouvantable bataille.

Voici le récit qu'il me fit de ces journées sanglantes :

« J'avais dix-sept ans, je venais de quitter Probsheïda pour entrer en apprentissage dans une fabrique à Leipzig. Je ne m'explique pas encore comment j'ai pu échapper à la conscription ; on prenait tout le monde, les jeunes et les vieux. L'Empereur arriva le 14 octobre, jour anniversaire de la bataille d'Iéna et d'Auerstadt. Il n'entra pas dans Leipzig, car on se battait déjà du côté d'Œachau. Curieux de voir la bataille, je sortis avec beaucoup d'autres personnes par la porte de Grimma. Sur la hauteur, à une centaine de pas de cette porte, se dressait la potence, tout à côté, nous vîmes un militaire coiffé d'un petit chapeau sans galon, en redingote râpée et usée, assis devant une table sur laquelle était déployée une carte : c'était l'Empereur. Il avait fait allumer un grand feu, la température étant humide et froide. Je m'avançai aussi près que ses ordonnances me le permirent, et je l'aperçus qui plantait dans sa carte des épingles de différentes couleurs. Un aide de camp arriva qui lui remit un papier. Il se leva, braqua sa lunette sur le Kohlgarten et sur Œachau, parla à ses officiers et donna des ordres d'une voix brève.

« L'impassibilité de sa physionomie contrastait avec l'agitation de ceux qui l'entouraient. De temps en temps il prenait une prise dans la petite tabatière qu'il tenait dans la paume de sa main. Tout à coup un nuage de poussière s'éleva sur la route : c'était le roi de Saxe qui avait quitté Dresde avec sa femme et sa fille et qui venait de ce côté. Le roi descendit de cheval et vint saluer l'Empereur. Les deux souverains s'entretinrent un instant de la manière la plus cordiale. Quand le roi de Saxe fut parti, Napoléon se rapprocha du feu, poussa les tisons du bout de sa botte, et, croisant ses mains derrière le dos, il resta pensif. Le bruit de la canonnade qui commençait à l'ouest le tira de sa rêverie. Il retourna à sa table.

« Le soir, il fit son entrée dans Leipzig ; un bataillon de la garde l'escortait ; ces soldats, dans leur uniforme rouge, la tête perdue dans leur bonnet à poil, étaient superbes.

« Le jour suivant se passa dans le calme le plus absolu ; mais les renseignements qui nous parvinrent nous apprirent que les Français étaient cernés, qu'ils ne pouvaient plus sortir de Leipzig sans livrer une grande bataille. Tout le monde était dans la plus vive anxiété et se préparait, en cas de bombardement et d'incendie, à sauver ce qu'il avait de plus précieux. Le 16, dès l'aube, le canon gronda. La canonnade devint bientôt si forte, que les vitres vibraient comme au bruit de la foudre. A dix heures arrivèrent des prisonniers russes et autrichiens, blessés pour la plupart. Ils nous dirent que les alliés étaient quatre fois plus nombreux, que leur victoire était certaine ; ils nous plaignaient, car Leipzig allait probablement être bombardé.

« Le 17, — c'était un dimanche, — tout rentra dans la paix du saint jour. On parla de suspension d'armes, de préliminaires de paix. Mais le 18, de bon matin, la canonnade recommença de plus belle, et se prolongea jusqu'à l'arrivée de la nuit. Les coups de canon se rapprochaient d'heure en heure, la fusillade faisait entendre ses crépitements de minute en minute. Je montai sur le toit de la fabrique ; la plaine tout entière était couverte d'un voile d'épaisse fumée. A ce moment, quelque chose passa au-dessus de ma tête avec un sifflement qui me donna le frisson ; instinctivement je me baissai et je vis une cheminée voisine voler en éclats. C'était une bombe. Il en tomba encore quelques-unes dans la journée.

« Depuis deux jours les magasins étaient fermés, nous n'avions plus de pain, nous étions bien malheureux. A la tombée de la nuit, je remontai sur le toit; la ville était entourée d'un cordon de feu formé par les bivouacs et, au loin, on voyait des villages qui brûlaient. — Le lendemain, en descendant dans la rue, j'entendis des gens qui criaient, affolés: « La retraite! la retraite! » Non, je n'oublierai jamais cette scène: dans la rue de Grimma (aujourd'hui rue de l'Université), l'infanterie, la cavalerie, l'artillerie, les caissons, les chariots de provisions, les voitures d'ambulance, les chars chargés de femmes et d'enfants, les troupeaux de bétail, les vivandières avec leur petite charrette, tout cela se pressait, s'entassait, hurlait et se lamentait; c'étaient une confusion et un tumulte affreux. Et les heures succédaient aux heures, avec une rapidité brusque, et les coups de fusil et de canon se rapprochaient de plus en plus! Les alliés étaient aux portes de la ville. Le prince de Hesse-Hambourg attaqua la porte de derrière; Bennigsen, celle de Grimma; Laugeron, celle de Halle. Les alliés prirent également d'assaut les jardins; chaque haie était devenue un retranchement et un rempart pour les Français, qui se défendaient jusqu'à la dernière cartouche. A onze heures et demie, les premières troupes alliées pénétrèrent dans la ville; les habitants ouvrirent aussitôt leurs portes et agitèrent des mouchoirs blancs aux fenêtres; puis tout le monde descendit dans la rue: jeunes et vieux, femmes et enfants poussaient des hourras et des vivats, et l'on s'embrassait en versant des larmes de joie et en bénissant le Seigneur Dieu. Sur la place du Marché, était aligné un bataillon de troupes saxonnes qui avait déposé les armes; les officiers n'avaient plus que leurs mouchoirs en main; les alliés passèrent devant eux en les insultant. Lorsque les trois monarques débouchèrent sur la place, le roi de Saxe se montra sur le seuil de la Maison royale pour les saluer. Les vainqueurs répondirent froidement, puis détournèrent la tête. Quelques heures après, on annonçait au roi qu'il était prisonnier.

« A ce moment, j'appris que le pont du faubourg Saint-Pierre, le seul qui restât ouvert aux Français, avait sauté. Au milieu du vacarme de la canonnade, je n'avais pas entendu l'explosion. On disait que des centaines de soldats avaient préféré se jeter à la nage dans l'Elster plutôt que d'être faits prisonniers. La plupart s'étaient noyés. Il y avait de tels monceaux de cadavres que le courant était arrêté. Le prince Poniatowski, blessé par une balle au bras gauche et au côté, s'élança à cheval dans la rivière; il ne put atteindre l'autre rive et disparut sous les yeux de ses soldats. Son cadavre ne fut retrouvé que le 24 octobre, à quatre heures de l'après-midi; on le déposa au rez-de-chaussée de la maison du pêcheur Christian Meissner, au numéro 66 du Branstædter-Steinweg.

« Poussé par la curiosité, je descendis de nouveau du côté de la porte de Grimma. Le spectacle que je vis était navrant. Quelle chose horrible que la guerre! Dans une mare de sang, des cuirassiers français gisaient étendus les bras en avant, les mains crispées; l'artillerie avait passé sur leurs chevaux dont les boyaux sortaient; plus loin, une charrette de vivandière était sens dessus dessous: la vivandière avait fait le coup de feu, elle était là, renversée entre les roues de sa charrette, un pistolet d'arçon à la main, percée à la gorge d'un coup de lance. Cette femme, avec son joli bonnet de police, son jupon tricolore, son pantalon rouge et sa jaquette ensanglantée, m'a longtemps poursuivi en rêve. Je la regardais, et mon cœur battait à grands coups, lorsque j'entendis un gémissement non loin de moi. C'était un grenadier étendu dans une rigole : il avait le crâne fendu, il demandait à boire. Je courus dans une maison voisine chercher un verre d'eau : les escaliers étaient encombrés de cadavres ; les Français s'y étaient défendus en désespérés, ils avaient tiré des fenêtres sur les Prussiens. Quand je revins avec mon verre, le pauvre diable avait passé l'arme à gauche.

« La nuit s'avançait, je rentrai par le Parc. Tout à coup, je me sens saisi par derrière et jeté à terre ; un soldat russe me tenait par les épaules, un autre par les jambes, un troisième m'ôtait mes bottes. Ils m'enlevèrent ma redingote, mon gilet, mon pantalon ; la chemise allait y passer, quand l'idée me vint de crier de toute la force de mes poumons : « Alexandre ! Alexandre ! » Ils eurent peur et s'enfuirent. Je n'étais heureusement plus qu'à quelques pas de la fabrique ; je me glissai dans ma chambre sans être aperçu.

« Le lendemain, on réquisitionna une salle de la fabrique pour y enfermer des Français prisonniers. C'étaient des officiers. Ils faisaient pitié, ils n'avaient pas mangé depuis deux jours. Nous ne savions que leur donner. On ne pouvait se procurer ni pain, ni viande, ni légumes. Je montai dans la cheminée décrocher du lard. Ils s'en régalèrent.

« Le 20 octobre, des camarades voulurent m'emmener avec eux sur le champ de bataille. De tout côté on voyait des monceaux de soldats morts, que les maraudeurs avaient dépouillés de leur uniforme, de sorte qu'on ne distinguait que par la couleur de leurs cheveux les Français des Russes, des Autrichiens et des Prussiens. Des bandes voraces de corbeaux s'abattaient sur les chevaux tués ; l'atmosphère était chargée de miasmes putrides. On ne pouvait pas respirer. Je ramassai un sabre et un plumet tricolore, et je revins en hâte sur mes pas.

« Les lazarets et les hôpitaux étaient remplis de blessés ; on dut en loger dans les maisons particulières, jusque dans les galetas. Le froid était vif et la misère si grande qu'on n'avait pas même un peu de paille où coucher tous ces malheureux.

« Il y avait tant de cadavres restés sans sépulture autour de la ville, qu'une épidémie de typhus éclata. Il mourait tant de monde qu'on ne rencontrait que des gens en deuil. Le soir, on descendait par les fenêtres ceux qui étaient morts, et le lendemain, un tombereau passait qui les recueillait, et les conduisait à la fosse commune. Un jour, je voulus suivre ce lugubre convoi. Je me mis en route avec deux des employés de la fabrique ; mais à peine eûmes-nous marché dix minutes, qu'il nous sembla qu'un soldat français, dont la tête penchait sur une roue, avait remué les lèvres. Nous en fîmes l'observation au conducteur. Il arrêta ses chevaux, donna deux grands coups de bêche sur la nuque du soldat, puis nous dit en riant : « S'il n'était pas mort, il l'est pour sûr maintenant. » Nous étions pâles, et nous nous regardions : nous aurions voulu être des hommes pour étrangler ce monstre ! Quelques jours plus tard, je vis qu'on ne traitait guère plus humainement les habitants de Leipzig ; on attachait les morts par les pieds avec une corde, et on les traînait hors des maisons.

« Que notre pays soit préservé du renouvellement de pareilles horreurs ! que le ciel nous préserve d'une victoire des Français, car ces choses-là appellent toujours la vengeance ! »

Là-dessus, le petit vieux acheva le verre d'eau-de-vie que je lui avais offert.

— Avez-vous visité, me demanda-t-il en se levant à l'aide de son bâton, la pierre de Napoléon, le *Napoleonstein*?

— Pas encore, répondis-je.

— Je vais vous indiquer le chemin.

Nous traversâmes le village. Des femmes arrosaient des choux à l'endroit où les batteries françaises avaient vomi la mort; des pigeons roucoulaient sur les toits qu'avait dévorés l'incendie, des moineaux nichaient dans les trous que les boulets avaient laissés dans les murs des jardins, et des papillons, tout joyeux de vivre, voletaient sur l'ancien champ de carnage, émaillé de coquelicots, qui tachaient l'herbe de gouttes de sang.

— C'est là-bas, à gauche, me dit le vieillard. Vous devez voir le monument d'ici, vous avez de meilleurs yeux que moi.

— En effet, je distingue une pyramide de pierre.

— On l'a érigée en 1857, à l'endroit même où se trouvait le moulin qui servit de quartier général à l'Empereur pendant la journée du 18 octobre. C'est là que, accablé de fatigue, il s'endormit sur une chaise, à la fin de la bataille. Murat le réveilla pour lui dire que l'artillerie n'avait plus de munitions. L'Empereur promena encore un regard tranquille autour de lui, et, impassible, il ordonna la retraite.

Je pris congé de mon guide et je m'en allai à travers champs.

Le *Napoleonstein*, ou monument de Napoléon, se compose d'un grand cube de granit rougeâtre, sur lequel on voit le chapeau légendaire de l'empereur, une épée, un télescope, une carte d'opération.

Sur une des faces du monument, on lit ces quatre lignes:

HIER WEILTE NAPOLEON
IN 18 OCTOBER 1813
DIE KÆMPFE DER VŒLKERSCHLACHT
BOBACHTENDE [1].

---

1. Ici, Napoléon observa, le 18 octobre 1813, les combats de la bataille des peuples.

Et sur l'autre, inscription annexionniste :

DER HERR
IST DER RECHTE KRIEGSMANN
HERR
IST SEIN NAME [1].

Le monument est entouré d'une grille qu'un vieil invalide, conscrit en 1813, vous ouvre en vous demandant l'aumône.

Dans cette Prusse victorieuse, dans ce pays des milliards, Bélisaire vous tend partout son casque.

---

[1]. Le Seigneur est le véritable guerrier, le Seigneur est son nom.

(Le volume qui complète celui-ci est intitulé : *les Curiosités de l'Allemagne du Sud*. — Librairie Ch. Delagrave, même collection.)

TABLE DES MATIÈRES

	Pages.
I. — De Paris à Berlin	1
II. — Berlin	9
III. — L'Arsenal	21
IV. — Les statues	37
V. — L'université. Les Écoles	41
VI. — Le palais de l'empereur	55
VII. — Le Musée	75
VIII. — Chez M. de Bismarck	83
IX. — Les environs de Berlin	93
X. — Hambourg	119
XI. — Brême	145
XII. — Bremerhaven	153
XIII. — Wilhelmshaven	163
XIV. — Kœnigsberg	179
XV. — Les pêcheries d'ambre sur la Baltique	197
XVI. — En pays wende	205
XVII. — Dresde	233
XVIII — La Voûte verte. La collection de porcelaines	241
XIX — Le terrasse de Bruhl	263
XX. — Leipzig	273

SOCIÉTÉ ANONYME D'IMPRIMERIE DE VILLEFRANCHE-DE-ROUERGUE
Jules Bardoux, Directeur.

www.ingramcontent.com/pod-product-compliance
Lightning Source LLC
Chambersburg PA
CBHW071343150426
43191CB00007B/829